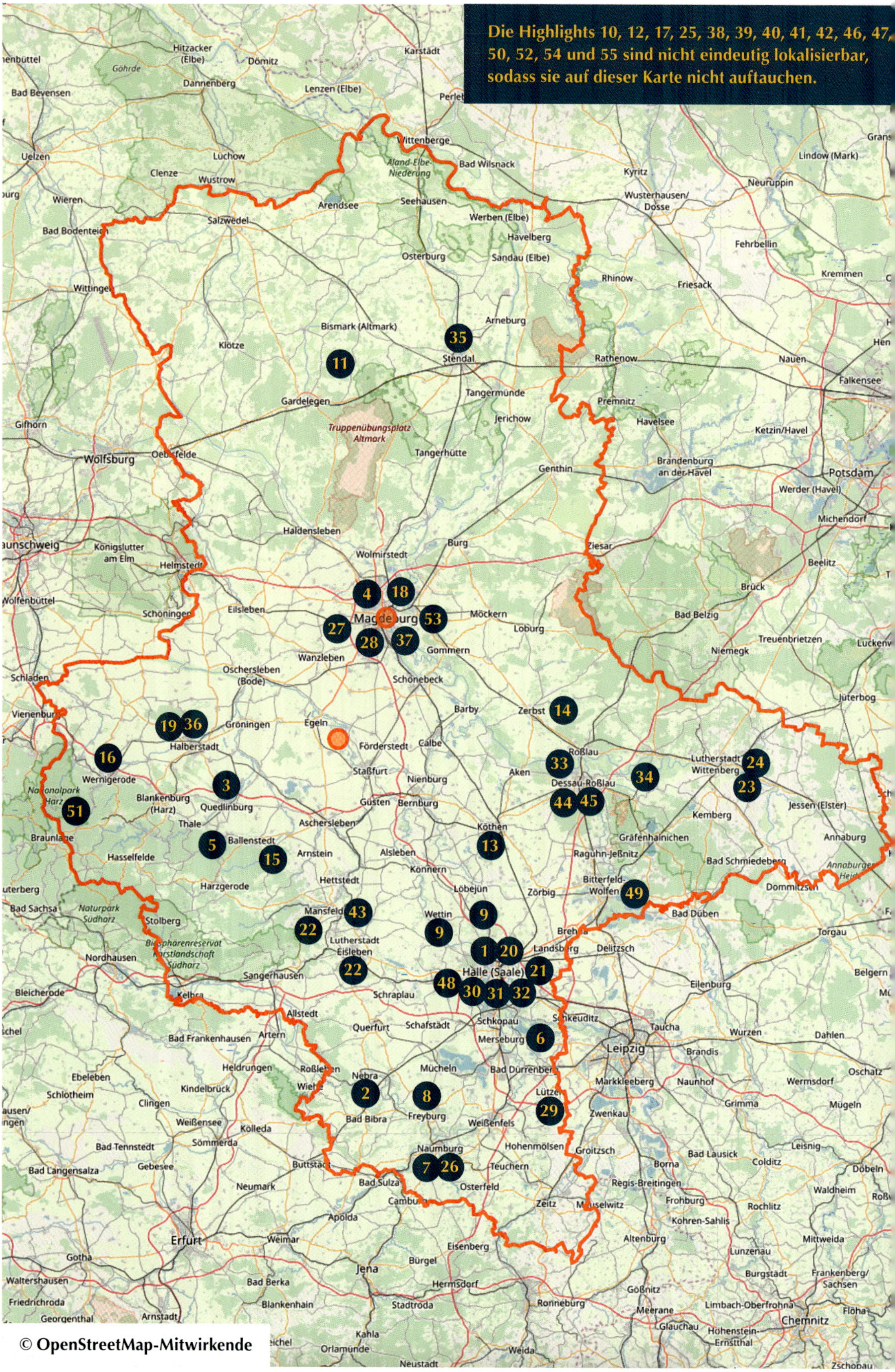

Die Highlights 10, 12, 17, 25, 38, 39, 40, 41, 42, 46, 47, 50, 52, 54 und 55 sind nicht eindeutig lokalisierbar, sodass sie auf dieser Karte nicht auftauchen.

Steffen Raßloff

Sachsen-Anhalt

55 Highlights aus der **Geschichte**

Menschen, Orte und Ereignisse, die unsere Region bis heute prägen

SUTTON HEIMAT

Inhalt

Sachsen-Anhalt
Land mit großer Geschichte

Man sagt Sachsen-Anhalt nach, ein künstliches Gebilde ohne richtiges Landesbewusstsein zu sein. Schon der Historiker Heinrich von Treitschke bezeichnete die 1815 entstandene preußische Provinz Sachsen, aus der mit dem Land Anhalt 1945 und endgültig 1990 Sachsen-Anhalt entstehen sollte, als ein „wunderliches Gewirr" willkürlich zusammengefügter Territorien. Diese reichten von der Altmark, der urpreußischen „Wiege Brandenburgs", über die im 17. Jahrhundert an Preußen gefallenen geistlichen Herrschaften Magdeburg und Halberstadt bis in den kursächsischen Süden mit den alten Bischofsstädten Merseburg und Naumburg.

Gleichwohl kann Sachsen-Anhalt auf eine große Geschichte zurückblicken. Dies zeigt sich allein an den vielen UNESCO-Weltkulturerbestätten: Stiftskirche, Schloss und Altstadt von Quedlinburg, Naumburger Dom, Luthergedenkstätten in Eisleben und Wittenberg, Gartenreich Dessau-Wörlitz, das Bauhaus und seine Stätten in Dessau. Jene dichte Geschichtslandschaft entfaltet durchaus integrative Kraft auf das junge Bundesland mit seinen beiden Großstädten Halle und Magdeburg.

Schon die Vorgeschichte hat viel zu bieten, was man in Halle in einem der renommiertesten Archäologiemuseen Deutschlands erleben kann. Dort findet sich mit der Himmelsscheibe von Nebra einer der spektakulärsten Funde der Archäologiegeschichte, der auf eine der ersten bronzezeitlichen Hochkulturen Europas verweist. Unter den ottonischen Königen und Kaisern rückte die Region im 10. Jahrhundert zum Kernland des entstehenden Deutschen Reiches auf. Heinrich I. bevorzugte Quedlinburg, Otto der Große Magdeburg mit seinem gewaltigen Dom. Auch deren Mitstreiter haben ihre Spuren hinterlassen, wie Markgraf Gero in Gernrode und Bischof Thietmar in Merseburg.

Das „Lutherland" hat Weltgeschichte geschrieben. Martin Luther wurde in Eisleben geboren und wuchs in Mansfeld auf. Wittenberg rückte seit dem Thesenanschlag 1517 zum Zentrum der Reformation auf, in dem bedeutende Künstler wie die Cranachs wirkten. Aber auch Luthers Gegenspieler Thomas Müntzer stammte aus der Region. Schutzherren der Reformation waren die Wettiner, die als Markgrafen von Meißen, Landgrafen von Thüringen und Kurfürsten von Sachsen die Geschichte Sachsen-Anhalts lange mitbestimmten, ehe sie 1815 von den preußischen Hohenzollern verdrängt wurden.

Hinzu kommt die moderne Industrieregion, die auf natürliche Ressourcen wie Braunkohle, Kupfererz, Stein- und Kalisalz sowie eine ertragreiche Landwirtschaft aufbauen konnte. Vom Magdeburger Maschinenbau und Junkers-Flugzeugen in Dessau bis hin zum Chemiedreieck Leuna-Buna-Bitterfeld reicht das Spektrum. Wichtige Voraussetzung waren moderne Verkehrswege im Herzen Deutschlands, zu denen auch das Wasserstraßenkreuz Magdeburg zählt.

Ein relativ kleiner Bestandteil des Bundeslandes ist Anhalt, das jedoch dank seiner langen kontinuierlichen Geschichte

Schatzfund mit der Himmelsscheibe von Nebra im Landesmuseum für Vorgeschichte Halle.

zu Recht im Landesnamen verankert ist. Über Jahrhunderte von den Askaniern beherrscht, hat es von Albrecht dem Bären über die aus Zerbst stammende Zarin Katharina die Große und den Bach-Freund Fürst Leopold in Köthen bis hin zum „Alten Dessauer“ und „Fürsten Franz“ mit seinem Wörlitzer Park große Persönlichkeiten hervorgebracht.

Vieles weitere ist zu nennen: der Sachsenspiegel Eike von Repgows und Burg Falkenstein, die Fachwerkstadt Wernigerode, Halle, die Stadt der fünf Türme mit Universität, die Franckeschen Stiftungen, Georg Friedrich Händel und Halle-Neustadt, Albrecht von Brandenburg, die Landesschule Pforta, die Magdeburger Hochzeit, Otto von Guericke und seine Magdeburger Halbkugeln, Schweden-König Gustav Adolf, Antike-Verehrer Winckelmann, Freundschafts-Dichter Gleim, Freiheits-General Steuben, die Revolution 1848/49, Sachsen-Anhalt-Vordenker Ehrhard Hübener, der Bitterfelder Weg und der einzige Fußball-Europapokalsieger der DDR. Geprägt wird das Land aber auch von seiner Natur, von den Flüssen Elbe und Saale sowie dem sagenumwobenen Harz. Es hat zudem weit über das Saale-Unstrut-Weingebiet hinaus auch zahlreiche kulinarische Highlights hervorgebracht.

1 VNSERER VORZEIT
Landesmuseum für Vorgeschichte Halle

Das Landesmuseum für Vorgeschichte in Halle zählt zu den bedeutendsten Archäologiemuseen Europas. Unter zahlreichen spektakulären Exponaten zur Ur- und Frühgeschichte Sachsen-Anhalts ragt die Himmelsscheibe von Nebra heraus.

Trutzig wie eine Burg erhebt sich im nördlichen Gründerzeitviertel von Halle das Landesmuseum für Vorgeschichte. Der 1913 fertiggestellte Bau des Architekten Wilhelm Kreis spielt auf die Porta Nigra in Trier an. Durchschreitet man das imposante Portal mit dem latinisierten Schriftzug VNSERER VORZEIT, so eröffnet sich einer der beeindruckendsten Museumsbauten Deutschlands. Rund um einen dreigeschossigen Lichthof gruppieren sich großzügige Ausstellungsräume, die Highlights der Ur- und Frühgeschichte Sachsen-Anhalts bieten – und das Haus zugleich zu einem der bedeutendsten archäologischen Museen Europas machen. Es geht zurück auf das 1882 gegründete preußische Provinzialmuseum und wird heute vom Landesamt für Archäologie und Denkmalpflege Sachsen-Anhalt getragen.

Das Museum wirft Schlaglichter auf das Leben unserer frühen Vorfahren. Mit den ersten Urmenschen vor ca. 400.000 Jahren beginnend, wechselten sich die noch namenlosen Bewohner auf dem Gebiet des heutigen Bundeslandes immer wieder ab. Erste Relikte gehen bis weit in die Altsteinzeit zurück. Unter den präsentierten Grabungsfunden ragen die aus Bilzingsleben in Nordthüringen mit den frühesten, ca. 370.000 Jahre alten Spuren der Gattung Homo erectus in Europa heraus. Wichtige Exponate wie aus den Fundstellen Neumark-Nord im Harzvorland (200.000 Jahre alt) und Königsaue nahe Aschersleben (125.000 Jahre alt) weisen auch auf den dem Urmenschen folgenden Altmenschen hin. An verschiedenen Orten finden sich ca. 30.000 Jahre alte Zeugnisse des den Neandertaler verdrängenden Jetztmenschen.

Den bahnbrechenden Schritt vom Jäger und Sammler zum Ackerbauern und Viehzüchter vollzog die Menschheit in der Jungsteinzeit. Die „neolithische Revolution“ begann im 9. Jahrtausend v. Chr. in Kleinasien. Um 5500 v. Chr. tauchten die ersten sesshaften Bauern auf, besonders in fruchtbaren Landschaften wie der Magdeburger Börde mit dem Harzvorland und dem Saale-Unstrut-Raum. Die Funde zeugen von differenzierteren sozialen Verhältnissen und kulturellen Fortschritten. Genannt sei das rekonstruierte Sonnenobservatorium von Goseck (ca. 4800 v. Chr.) bei Naumburg, eine Kreisgrabenanlage mit Palisaden, die vermutlich als Versammlungs-, Handels-, Kult- und Gerichtsplatz diente.

Einen weiteren wichtigen Schub erhielt die menschliche Zivilisation mit der Bronzezeit ab der ersten Hälfte des 2. Jahrtausends v. Chr. Aus dem seit Längerem bekannten Kupfer gewann man durch die Legierung mit Zinn das

Das Landesmuseum präsentiert die Himmelsscheibe von Nebra als eines seiner Highlights.

sehr viel härtere Metall Bronze. Damit wurde die Effektivität von Werkzeugen und Waffen erhöht. Von der weit fortgeschrittenen Kultur in der Region zeugt die Himmelsscheibe von Nebra als älteste konkrete Himmelsdarstellung. Sie gilt als einer der spektakulärsten Funde in der Geschichte der Archäologie und ist seit 2008 das stärkste Zugpferd des Museums.

Letzte der drei großen ur- und frühgeschichtlichen Epochen ist die Eisenzeit bis zur Zeitenwende, in der erstmals bei antiken Autoren zwei große „barbarische" Volksstämme auftauchen, die Kelten und Germanen. Sachsen-Anhalt gehörte hierbei zum germanischen Siedlungsgebiet und fiel im Zuge der Völkerwanderung weitgehend an das Königreich der Thüringer. Mit dem Spangenhelm von Stößen aus dem frühen 6. Jahrhundert verfügt das Museum auch über ein Spitzenexponat aus dieser Epoche. 531 ging das Thüringer Reich nach einer verheerenden Niederlage an der Unstrut im Reich der Franken auf. Große Teile Sachsen-Anhalts blieben jedoch vorerst noch im Rahmen des germanischen Stammes der Sachsen unabhängig. Erst unter Karl dem Großen, der 800 mit seiner Krönung in Rom den Grundstein für das spätere deutsche Kaiserreich legte, wurden auch die Sachsen in langjährigen blutigen Kriegen von den Franken unterworfen.

2 Ältester Himmel der Welt
Die Himmelsscheibe von Nebra

Die im Landesmuseum für Vorgeschichte in Halle gezeigte Himmelsscheibe von Nebra gilt als weltweit älteste Darstellung des Himmels. Die goldverzierte Bronzescheibe gehörte vermutlich den Fürsten von Aunjetitz, der ersten Hochkultur Sachsen-Anhalts.

Von der weit fortgeschrittenen Bronzezeit-Kultur im mitteldeutschen Raum zeugt die Himmelsscheibe von Nebra, einer der spektakulärsten Funde in der Geschichte der Archäologie. Die älteste konkrete Himmelsdarstellung der Menschheitsgeschichte wurde um 1600 v. Chr. auf einem Berg nahe der Stadt Nebra vergraben. Der 1999 entdeckte Schatz umfasste neben der Himmelsscheibe zwei Schwerter, zwei Beile, einen Meißel und zwei Armspiralen von außergewöhnlich hoher Qualität. Untersuchungen ergaben, dass die um 1800 v. Chr. angefertigte Scheibe bis zu ihrer „Bestattung" über einen längeren Zeitraum hinweg genutzt und mehrfach umgestaltet wurde. Die goldenen Einlagen auf dem bronzenen Untergrund zeigen den Himmel mit Vollmond bzw. Sonne, Halbmond und den Plejaden. Die Scheibe speicherte damit astronomisches Wissen, das für die Berechnung wichtiger Daten wie Winter- und Sommersonnenwende sowie Ernte- und Aussaatzeit nötig war. Sie steht aber auch als eine buchstäbliche „Sternstunde der Menschheit" für das beginnende Interesse an den Weiten des Universums, für die Anfänge der Wissenschaft überhaupt.

Experten deuten die trotz aller Forschungen noch immer rätselhafte Scheibe zudem als Prestigeobjekt der Herrscher eines frühbronzezeitlichen Großreiches von ca. 2200 bis 1600 v. Chr., das zu den ersten europäischen Staaten gehört haben könnte. Nach einem Fundort nahe Prag nennt man es Reich von Aunjetitz. Dessen Kern war das „Reich von Nebra" mit weiteren bedeutenden Funden wie den Fürstengräbern von Leubingen, Bornhöck, Nienstedt, Helmsdorf und Evessen. Allein Material und Form der Himmelsscheibe deuten schon auf weitgespannte Kultur- und Handelsbeziehungen von England bis in den Nahen Osten hin. Die rituelle Niederlegung der Scheibe um 1600 v. Chr. durch den letzten Fürsten von Aunjetitz könnte das Ende dieser ersten Hochkultur auf dem Gebiet Sachsen-Anhalts markieren. Selbst aus den jungsteinzeitlichen Glockenbecher- und Schnurkeramik-Kulturen hervorgegangen, folgte nun auf die Aunjetitz-Kultur die Hügelgräber-Kultur.

Die Entdeckung der Himmelsscheibe und deren Sicherung für die Öffentlichkeit waren kaum weniger spektakulär als der Fund selbst. Raubgräber hatten die Scheibe samt des Bronzeschatzes 1999 auf dem Mittelberg nahe Nebra entdeckt und unsachgemäß ausgegraben. Nachdem der wertvolle Fund auf dem Schwarzmarkt kursiert hatte, konnte ihn Sachsen-Anhalts Landeskonservator Harald Meller zusammen mit der Kriminalpolizei 2002

Himmelsscheibe von Nebra.

in einem Basler Hotel sicherstellen. Nach gründlicher Restaurierung und Erforschung, die weltweit für Aufsehen sorgte, bildet die Himmelsscheibe seit 2008 das absolute Highlight im Landesmuseum für Vorgeschichte in Halle, das damit endgültig in die erste Reihe der europäischen Archäologiemuseen aufstieg.

Auch die Fundstelle des zum UNESCO-Weltdokumentenerbe zählenden Schatzes wurde ambitioniert erschlossen. Eine spiegelnde Edelstahlscheibe markiert als „Himmelsauge“ den Fundplatz, neben dem auf der Bergkuppe ein astronomischer Aussichtsturm steht. Von hier führt ein Wanderweg zum futuristischen Besucherzentrum „Arche Nebra“, das die bronzezeitliche Welt der Himmelsscheibe mit einer außergewöhnlichen Präsentation wieder zum Leben erweckt. Der Mittelberg diente im Reich von Aunjetitz vermutlich als Observatorium, wo die Himmelsscheibe zur Anwendung kam. Von dort kann man noch heute beobachten, wie die Sonne am längsten Tag des Jahres, der Sommersonnenwende, hinter dem Brocken im nahen Harz untergeht.

3 Heinrich der Vogler
König Heinrich I. und Quedlinburg

Unter dem Herzogsgeschlecht der Ottonen rückte Sachsen-Anhalt zum Kernraum des entstehenden Deutschen Reiches auf. Der sagenumwobene König Heinrich I., „der Vogler", bevorzugte Quedlinburg, das heute zum UNESCO-Welterbe zählt.

Der Zerfall des fränkischen Großreiches begann mit dem Tod Karls des Großen 814. Nach dem Vertrag von Verdun 843 mit der Dreiteilung unter Karls Enkel bildete sich aus dem westlichen Teil das Königreich Frankreich und aus dem östlichen Teil das römisch-deutsche Kaiserreich heraus. Die Könige und Kaiser des (nieder-)sächsischen Herzogsgeschlechtes der Ottonen von 919 bis 1024 waren das erste deutsche Herrscherhaus. Sachsen-Anhalt stellte in jener Epoche den Kernraum der königlichen Zentralgewalt dar. Herzog Heinrich I. rückte 919 zum ersten nichtfränkischen König in Ostfranken auf und kann als Begründer des Deutschen Reiches angesehen werden. Sein Sohn Otto der Große erneuerte 962 in Rom das nunmehr an das ostfränkisch-deutsche Reich gekoppelte römische Kaisertum. Hieraus entwickelte sich das bis 1806 existierende Heilige Römische Reich Deutscher Nation.

Die Herzöge von Sachsen hatten ihren Herrschaftsschwerpunkt im mittleren Elbe-Saale-Raum, im Harzumland und in Nordthüringen. Als Könige stützten sie sich auch auf dortigen Reichsbesitz und Pfalzen. Zu den häufigsten Aufenthaltsorten und Schauplätzen wichtiger politischer Entscheidungen gehörten neben Quedlinburg, Merseburg und Magdeburg die Pfalzen Allstedt, Tilleda, Wallhausen und Memleben. Jene Blütezeit ist heute anschaulich erlebbar in der Burg Allstedt,

im Freilichtmuseum Königspfalz Tilleda und im Museum Kloster und Kaiserpfalz Memleben.

Für Heinrich I. besaß Quedlinburg besondere Bedeutung, welches er als mittelalterlicher „Reisekönig" ohne dauerhafte Residenz auf seinen ständigen Zügen durch das Land häufig besuchte. Ausdruck für die bevorzugte Stellung war unter anderem, dass er dort hohe kirchliche Feiertage, allen voran das Osterfest, verbrachte. Schon 919 soll Heinrich die Botschaft von seiner Wahl zum König am „Haus zum Finkenherd" überbracht worden sein, als er sich gerade mit dem Vogelfang beschäftigte. Zur Popularität der Sage von „Heinrich dem Vogler" hat nicht zuletzt das Kunstlied „Herr Heinrich sitzt am Vogelherd" (1836) von Komponist Carl Loewe, gebürtig in Löbejün im heutigen Saalekreis, wesentlich beigetragen.

Die Burgkapelle der einstigen Königspfalz wurde 936 von der Königinwitwe Mathilde in die Stiftskirche St. Servatius umgewandelt. Dort fand der in Memleben verstorbene König seine letzte Ruhestätte. Die später mehrfach baulich überformte hochromanische Stiftskirche wird auch als Quedlinburger Dom bezeichnet, was auf die Bedeutung des hochadligen Damenstiftes seit Königin Mathilde und der 966 eingesetzten ersten Äbtissin Mathilde, einer Tochter Ottos des Großen, verweist. Während des Nationalsozialismus wurde die Kirche als „Weihestätte" missbraucht. Von 1938 bis 1945 fanden in dem pseudoromanisch umgebauten Kirchenraum Veranstaltungen der SS unter Reichsführer Heinrich Himmler statt, der eine Vorliebe für den namensgleichen König besaß.

Das imposante Ensemble von Schlossberg und Stiftskirche sowie die weitgehend erhaltene Altstadt Quedlinburgs mit ihren zahlreichen Fachwerkhäusern gehören seit 1994 zum UNESCO-Weltkulturerbe. Neben dem Schlossmuseum lohnt auch ein Besuch des Geburtshauses von Dichter Friedrich Gottlieb Klopstock, des Fachwerk-, Garnison- und Münzenbergmuseums sowie der Lyonel-Feininger-Galerie.

Stiftskirche St. Servatius auf dem Schlossberg von Quedlinburg.

4 Große Visionen
Kaiser Otto der Große und Magdeburg

Unter Kaiser Otto dem Großen rückte Magdeburg zum Herrschaftsmittelpunkt des Reiches und mächtigen Erzbistum auf. Jene frühe Blütezeit der Handelsmetropole an der Elbe spielt heute in der historischen Erinnerungskultur eine zentrale Rolle.

Das heutige Sachsen-Anhalt begann unter den Ottonen aus seiner Randlage in das Zentrum des Deutschen Reiches zu rücken. Seit 929 hatten die Deutschen unter König Heinrich I. ihren Herrschaftsbereich auf die slawischen Gebiete bis zu Oder und Neiße ausgeweitet. Dies galt in der älteren Geschichtsschreibung als gefeierter Beginn der deutschen Ostkolonisation und Christianisierung mit „Kreuz und Schwert". Heinrichs Sohn Otto der Große griff diese Entwicklung mit großen Visionen auf. Er stärkte zudem die königliche Zentralgewalt und verknüpfte das ostfränkisch-deutsche Königreich mit seiner Krönung in Rom 962 mit dem römischen Kaisertum. So wie sein Vater Heinrich Quedlinburg bevorzugt hatte, erwählte sich Otto nunmehr Magdeburg zum aufwendig ausgebauten Lieblingssitz.

968 richtete der Kaiser das Erzbistum Magdeburg zur Christianisierung der Slawen ein. Diesem untergeordnet waren die neuen Bistümer Merseburg, Zeitz und Meißen im südlichen und die bereits 948 gegründeten Bistümer Havelberg und Brandenburg im nördlichen Missionsgebiet. Hiervon ausgehend sollte das Erzbistum weit in den „heidnischen" Osten wirken. Magdeburg rückte deutlich sichtbar zum bevorzugten Herrschaftsmittelpunkt Kaiser Ottos des Großen auf, der im Magdeburger Dom zu Grabe liegt. Der Dom St. Mauritius und Katharina wurde nach der Verlegung des Moritzklosters zur Kathedrale des Erzbistums. Später formte man ihn zum ersten gotischen Kirchenbau in Deutschland um. Otto ließ zur Ausgestaltung des Doms als Zeichen seines imperialen Machtverständnisses eigens Bauteile aus Italien heranschaffen.

Die großen Pläne für das Erzbistum Magdeburg ließen sich allerdings nicht umsetzen. Bei einem Aufstand der Slawen 983 gingen die Bistümer Havelberg und Brandenburg vorerst wieder verloren. Bis zur Errichtung der Mark Brandenburg unter dem Askanier Albrecht dem Bären im 12. Jahrhundert konnten die Slawen dort ihre Unabhängigkeit behaupten. Zugleich suchten sich die Nachfolger Ottos des Großen neue Machtzentren und unter Otto III. wurde im Jahr 1000 ein polnisches Erzbistum in Gnesen gegründet. Das Erzstift Magdeburg, das weltliche Herrschaftsgebiet der Erzbischöfe, entwickelte sich dennoch zu einem wichtigen Reichsstand. Auch die beherrschende Stellung Magdeburgs als Handelsstadt, die schon 805 im Diedenhofener Kapitular zum Ausdruck kam, sollte über Jahrhunderte für den mittleren Elbe-Saale-Raum charakteristisch bleiben.

Original des „Magdeburger Reiters“ im Kulturhistorischen Museum Magdeburg.

Große Ausstellungen des Kulturhistorischen Museums Magdeburg zu Kaiser Otto dem Großen und der ottonischen Königslandschaft des 10. Jahrhunderts sind Ausdruck der Bedeutung für das historische Selbstverständnis der Region. Magdeburg gab sich sogar den Beinamen „Ottostadt“, der zugleich an den Bürgermeister und Erfinder Otto von Guericke erinnert. Als das wohl bekannteste Symbol jener frühen Blütezeit gilt der „Magdeburger Reiter“ vor dem Rathaus. Das einzige freistehende Reiterstandbild des Hochmittelalters in Europa, bereits um 1240 entstanden, zeigt vermutlich Kaiser Otto I. Im 17. Jahrhundert bekam das Standbild seinen Barock-Baldachin. Es steht heute im Kulturhistorischen Museum Magdeburg, auf dem Alten Markt ist eine vergoldete Kopie zu sehen. Zusammen mit der UNESCO-Welterbestätte Quedlinburg und weiteren wichtigen Gedächtnisorten spielt die ottonische Epoche in der Erinnerungskultur Sachsen-Anhalts eine zentrale Rolle. Die Straße der Romanik verbindet ihre zahlreichen Kulturdenkmale.

5 Romanisches Kleinod
Markgraf Gero und das Stift Gernrode

Markgraf Gero gehörte zu den wichtigsten Mitstreitern der Ottonen bei der Unterwerfung der Slawen östlich von Elbe und Saale. Mit dem 959 gegründeten Damenstift Gernrode und dessen Stiftskirche hat er ein herausragendes Kulturdenkmal hinterlassen.

Die Expansion des Deutschen Reiches in die von Slawen besiedelten Gebiete östlich von Saale und Elbe unter dem Herrscherhaus der Ottonen im 10. Jahrhundert hat im heutigen Sachsen-Anhalt viele Spuren hinterlassen. Die Bevorzugung Quedlinburgs durch König Heinrich I. legte den Grundstein dafür, dass die Stadt gut ein Jahrtausend später zum UNESCO-Welterbe aufsteigen konnte. Magdeburg verdankt seine Stellung als geschichtsträchtige Domstadt und lange weit über die Region ausstrahlende Metropole Kaiser Otto dem Großen. Die ottonischen Herrscher konnten den Machtausbau mit „Kreuz und Schwert" Richtung Osten aber nur gemeinsam mit ihren feudalen Lehnsträgern realisieren. Zu den wichtigsten unter diesen zählte Markgraf Gero, der wiederum mit Gernrode ein eindrucksvolles Kulturdenkmal hinterlassen hat.

Gero, in einigen älteren Quellen auch Gero der Große genannt, gehörte zu den Grafen im östlichen Stammesland der (Nieder-)Sachsen, möglicherweise aus Merseburg. Aus einer angesehenen Adelsfamilie stammend und König Otto dem Großen nahestehend, bekam er hohe Ämter übertragen. Insbesondere übte er die Tributherrschaft über die in teils blutigen Kämpfen unterworfenen Slawen aus. Hieraus entstand die Sächsische Ostmark oder auch Geromark, als deren Markgraf Gero 941 erstmals in einer königlichen Urkunde erwähnt wird. In den lang anhaltenden Kriegen zwischen Deutschen und Slawen gingen beide Seiten nicht zimperlich vor. Gero soll hierbei alle Register von diplomatischen Verhandlungen bis hin zu brutalen Strafzügen und heimtückischen Morden gezogen haben. Ein häufig angeführtes feuchtfröhliches Gelage mit Slawenfürsten 939, die hierbei ermordet worden seien, wird von heutigen Historikern freilich infrage gestellt.

Mittelalterliche Quellen rühmen Gero jedenfalls als einen der wichtigsten Vasallen der Ottonen und seine Tatkraft als Markgraf. Der nationalen Geschichtsschreibung des 19. und 20. Jahrhunderts in Deutschland galt er als herausragender Exponent der deutschen Ostexpansion, ähnlich wie der zwei Jahrhunderte später lebende Askanier Albrecht der Bär. Heute wird man Gero sicher nüchterner einordnen, ohne seine wichtige historische Rolle in jener für Sachsen-Anhalt identitätsstiftenden Zeit in Abrede zu stellen. 965 ohne männliche Nachfahren verstorben, wurde er im von ihm begründeten Stift Gernrode bei Quedlinburg beigesetzt.

Markgraf Gero hatte dort ganz im Geiste jener Epoche aus religiösen und sozialen Gründen für sein „Nachleben"

Die Kirche des 959 von Markgraf Gero gegründeten Damenstifts Gernrode.

gesorgt. 959 gründete er in seiner Burg Geronisroth ein weltliches Damenstift, an dessen Spitze seine Schwiegertochter Hathui als Äbtissin trat. 961 bestätigte Otto I. die Stiftung, die königlichen Schutz erhielt und sogar direkt dem Papst unterstellt wurde. Die romanische Stiftskirche St. Cyriakus gehört zu den bedeutendsten Kulturdenkmalen der ottonischen Zeit. Ihr erinnerungskulturelles Herzstück ist das 1519 angefertigte Renaissance-Grabmal Geros. Hinzu kommen weitere herausragende Ausstattungsstücke des eindrucksvollen Kirchenbaus wie das Heilige Grab, die älteste Nachbildung des Grabes Christi in Jerusalem nördlich der Alpen um 1100. In der Krypta soll Gero eine Unterarmreliquie des Heiligen Cyriakus aus Rom aufgestellt haben.

Aus dem hochangesehenen und wohlhabenden Damenstift mit seinen jeweils 24 Stiftsdamen entwickelte sich im 16. Jahrhundert die Stadt Gernrode. Das Stift selbst wurde nach der Reformation zunächst evangelisch und fiel schließlich im 17. Jahrhundert an die anhaltinischen Landesherren. Heute nutzen die evangelische Kirchengemeinde Sankt Cyriakus Gernrode sowie das Tagungs- und Begegnungszentrum „Cyriakushaus“ der Evangelischen Landeskirche Anhalts die stimmungsvolle Anlage. Sie gehört zu den Zugpferden des Tourismus in dem malerisch am Nordosthang des Harzes gelegenen Städtchen, über dessen Dächern an der Stelle eines fürstlich-anhaltinischen Lusthauses das „Hotel Stubenberg“ thront.

6 Chronist der Ottonen
Bischof Thietmar von Merseburg

Die „Chronik" Bischof Thietmars von Merseburg gilt als eine der wichtigsten Quellen zur Ottonenzeit. Zugleich hat Thietmar den Aufstieg Merseburgs zu einer glanzvollen Bischofs- und Residenzstadt eingeleitet, wovon der Dom mit seiner Schatzkammer zeugt.

Die Zeit der ottonischen Könige und Kaiser gilt gemeinhin als Auftakt der deutschen Geschichte im engeren Sinne. Aus der Osthälfte des einst von Karl dem Großen geschaffenen mächtigen Frankenreiches entstand jenes Machtgebilde, aus dem das Heilige Römische Reich Deutscher Nation hervorgehen sollte. So bedeutend diese Epoche nicht zuletzt für das historische Selbstverständnis in Sachsen-Anhalt ist, wo sich die meisten authentischen Erinnerungsorte finden, so vergleichsweise schmal ist die Quellenlage hinsichtlich der zeitgenössischen Geschichtsschreibung.

Von großer Bedeutung ist die „Sachsengeschichte" des Widukind von Corvey. Jener Benediktinermönch, der mit Otto dem Großen vertraut war, hat in den drei von 967 bis 973 verfassten Büchern „Res gestae Saxonicae" die Vorgeschichte der Sachsenherzöge sowie die Zeit Heinrichs I. und Ottos I. beschrieben. Mag die heutige Forschung auch manches kritisch hinterfragen, so ist dies doch eine der wichtigsten Quellen. Dies gilt auch für Bischof Thietmar von Merseburg. Dessen Anfang des 11. Jahrhunderts verfasste „Chronik" bietet die Fortsetzung der Widukind-Geschichte für die spätere Ottonenzeit. Sie wurde ebenso wie Widukinds „Sachsengeschichte" im 19. Jahrhundert in die große Quellenpublikation „Monumenta Germaniae Historica" (MGH) aufgenommen.

Thietmar von Merseburg hat in den zwischen 1012 und 1018 verfassten acht Büchern seiner Chronik die Geschichte vom frühen 10. Jahrhundert bis zu seinem Tode 1018 festgehalten. Hierbei verbindet er viele Informationen zur „großen Geschichte" der Ottonen mit der Geschichte der Stadt Merseburg und ihres Bistums. Dies ist durchaus nachvollziehbar: Heinrich I. legte ab 919 mit seiner Königspfalz die Grundlagen der Stadt an der Saale-Grenze zum wenig später eroberten Slawenland, Otto der Große gründete 968 das Bistum als Teil des neuen Erzbistums Magdeburg zur Christianisierung der Slawen, Otto II. löste es wieder auf, Otto III. bemühte sich um die Wiederherstellung, die schließlich Heinrich II. 1004 gelang. Damit war die Bahn frei für den Aufstieg des Bistums Merseburg zu einer der florierenden geistlichen Herrschaften neben Magdeburg, Halberstadt und Naumburg/Zeitz, die die Geschichte Sachsen-Anhalts bis zur Reformationszeit maßgeblich prägten.

Symbol hierfür sind die eindrucksvollen Sakralbauwerke mit ihren Kunstschätzen. Thietmar hat hierbei als Bischof in Merseburg von 1009 bis 1018 buchstäblich den Grundstein gelegt. So begann 1015 der Bau des Domes als Kathedrale

Der Merseburger Dom von der Saale aus.

des Bistums. Obwohl Merseburg im Zweiten Weltkrieg stark zerstört wurde, verkörpert die Vierflügelanlage aus dem Dom St. Johannes und St. Laurentius und dem um 1500 in seiner heutigen Form entstandenen Renaissanceschloss die große Bedeutung der einstigen Bischofs- und Residenzstadt. Der im Kern romanische, später gotisch überformte Dom diente bis zur Reformationszeit den Bischöfen als Grablege, später den Fürsten der wettinischen Sekundogenitur Sachsen-Merseburg.

Neben dem Dom selbst besitzt vor allem der Merseburger Domschatz hohe kulturgeschichtliche Bedeutung. Die Schatzkammer am Kreuzgang bietet kostbare Handschriften, Bibeln, Tragaltare, Elfenbeinkästchen und Altarretabeln. Auch die mumifizierte Hand des 1080 gefallenen und in Merseburg beigesetzten Gegenkönigs Rudolf von Rheinfelden ist zu sehen. Im „Zauberspruchgewölbe“ wird eines der Schlüsselwerke der frühen deutschen Sprachgeschichte als Faksimile präsentiert: die „Merseburger Zaubersprüche“. Herr über all diese Schätze ist die Stiftung Vereinigte Domstifter zu Merseburg und Naumburg und des Kollegiatstifts Zeitz. Hinzu kommt das vom Saalekreis getragene Kulturhistorische Museum im Schloss, das von einem malerisch am Saaleufer gelegenen Park umgeben wird.

7 Die schöne Uta
Welterbe Naumburger Dom

Der Naumburger Dom mit seinen berühmten Stifterfiguren aus dem 13. Jahrhundert gehört seit 2018 zum UNESCO-Weltkulturerbe. Die reizvoll in der Saale-Unstrut-Landschaft gelegene Kreisstadt hat aber historisch noch einiges mehr zu bieten.

Uta von Ballenstedt aus dem mächtigen Adelsgeschlecht der Askanier gehört zu den bekanntesten Skulpturen der Kunstgeschichte. Zusammen mit elf weiteren Stiftern des Naumburger Doms blickt sie seit der Mitte des 13. Jahrhunderts lebensgroß von ihrem arkadengeschmückten Laufgang im gotischen Westchor auf die Besucher herab. Das Besondere der Statuen des Naumburger Meisters sind ihre außergewöhnliche Lebendigkeit, Naturtreue und Individualität. Außergewöhnlich ist auch die Anordnung rund um den Chor, gekrönt von Baldachinen, wie sie sonst nur den Aposteln oder Heiligen vorbehalten war. Dies wiederum verweist auf den hohen Rang der Dargestellten und deren Bedeutung für das Bistum Naumburg mit seiner beeindruckenden Kathedrale.

Naumburger Dom.

Dessen Gründungsgeschichte ist eng verbunden mit dem mächtigen Herrschergeschlecht der Ekkehardiner, die ihren Stammsitz im nahen Großjena oder Kleinjena an der Mündung der Unstrut in die Saale besaßen. Bevor die Wettiner die 968 von Kaiser Otto dem Großen gegründete Markgrafschaft Meißen zum Ausgangspunkt ihres Aufstiegs zum mächtigsten Geschlecht Mitteldeutschlands machten, hatten die Ekkehardiner diese machtvolle Position inne. Mit Gunther von Merseburg besetzten sie 981/82 erstmals das Amt. Gunthers Sohn Ekkehard I., Erbauer der Eckartsburg (998) bei Eckartsberga und seit 985 Markgraf von Meißen, gehörte zu den mächtigsten Adligen des Reiches. 1000 ließ er sich gegen den Willen König

Ottos III. zum Herzog von Thüringen ausrufen, wurde aber nach seiner Königskandidatur 1002 ermordet. Nachfolger Ekkehards waren sein Bruder Gunzelin, sein Sohn Hermann und Ekkehard II., der Sohn Hermanns, ehe das Geschlecht 1046 ausstarb.

Die Ekkehardiner hatten 1028 den Sitz des 968 von Otto dem Großen im Slawenland gegründeten Bistums Zeitz in ihren neuen Herrschaftssitz Naumburg verlegt, das sich fortan zu einer blühenden Handels- und Kulturstadt entwickelte. Verbunden war dies über geraume Zeit mit Auseinandersetzungen mit dem Kollegiatstift Zeitz, das seine „Degradierung“ nicht ohne Weiteres hinnehmen wollte. Auch deshalb ließ Bischof Dietrich II. die bedeutendsten Stifter des Doms von 1243 bis 1249 als vorbildhafte Vertreter des Adels im Stil der Stauferzeit verewigen – allen voran die Herrscherpaare Ekkehard II. und Uta sowie Hermann und Reglindis.

Der Naumburger Dom, heute getragen von der Stiftung Vereinigte Domstifter zu Merseburg und Naumburg und des Kollegiatstifts Zeitz, gelangte 2018 als „einzigartiges Zeugnis der mittelalterlichen Architektur und Kunst des 13. Jahrhunderts“ auf die prestigeträchtige Liste des UNESCO-Weltkulturerbes. Das hat der Stadt mit ihrem erhaltenen historischen Zentrum, eingebettet in die reizvolle Saale-Unstrut-Landschaft, weiter touristischen Auftrieb verliehen. Die Kreisstadt des Burgenlandkreises im südlichsten Sachsen-Anhalt mit ihren 32.000 Einwohnern hat aber noch einiges mehr zu bieten.

Während das Stadtmuseum „Hohe Lilie“ die gesamte Historie in den Blick nimmt, verweist das Nietzsche-Haus auf den wohl bekanntesten Sohn der Stadt. Es ist dem Philosophen Friedrich Nietzsche gewidmet, der in Naumburg und in der nahen Landesschule Pforta seine Kindheit und Jugend verbrachte. 1844 als Pfarrerssohn in Röcken bei Lützen geboren, worauf heute eine Nietzsche-Gedenkstätte aufmerksam macht, war die Mutter nach dem Tod des Vaters 1849 nach Naumburg umgezogen. Das Max-Klinger-Haus im Ortsteil Großjena, auf einem Weinberg romantisch über dem Unstruttal gelegen, erinnert an die Aufenthalte des bedeutenden Bildhauers und Malers zwischen 1903 und 1920.

Uta von Naumburg.

8 Glanzvolles Erbe der Landgrafen
Die Neuenburg bei Freyburg

Im Mittelalter war die Geschichte Sachsen-Anhalts eng mit der Thüringens verbunden. Hierfür steht insbesondere die Neuenburg bei Freyburg, neben der Wartburg glanzvollster Sitz der sagenumwobenen Landgrafen von Thüringen.

Schon im frühen Mittelalter war die Geschichte Sachsen-Anhalts eng mit der Thüringens verbunden. So erstreckte sich die Herrschaft des machtvollen Königreiches der Thüringer im 5. und 6. Jahrhundert bis in die Altmark. Liegt jenes 531 nach einer verheerenden Schlacht an der Unstrut gegen die Franken untergegangene Königreich weitgehend im Dunkel der Geschichte, so hat die Zeit der ludowingischen Landgrafen von Thüringen im 12. und 13. Jahrhundert viele Spuren im südlichen Landesteil hinterlassen. Heraus ragt hierbei eine stolze Landgrafenburg – die Neuenburg bei Freyburg.

Die nach dem Vornamen ihrer erstgeborenen männlichen Vertreter bezeichneten Ludowinger stammten aus dem Fränkischen und hatten sich unter Ludwig dem Bärtigen um 1040 im Thüringer Wald angesiedelt. Schon diesem ersten Ludwig gelang der Ausbau seiner Herrschaft nach Norden durch Gebiete um Sangerhausen und im Unstruttal. Sein Sohn Ludwig der Springer, legendärer Gründer der Wartburg, der Neuenburg und des Klosters Reinhardsbrunn, knüpfte erfolgreich hieran an. Durch Erbschaft erreichte wiederum sein Sohn Ludwig die Ausdehnung des Besitzes nach Hessen. 1131 wurde dieser als Ludwig I. mit der vom Kaiser neu geschaffenen Würde der Landgrafen von Thüringen belehnt. Bald zählten die Ludowinger zu den mächtigsten Reichsfürsten.

Ludwig II. festigte die Bindung an das staufische Kaiserhaus durch die Heirat einer Halbschwester Friedrich Barbarossas. Unter Ludwig III. erreichte die Landgrafschaft im Zuge der Entmachtung des Welfenherzogs Heinrich des Löwen erheblichen Bedeutungszuwachs. Den glanzvollen Höhepunkt bildete die Regentschaft Hermanns I. Mit seinem Namen ist der sagenhafte Sängerkrieg auf der Wartburg von 1206/07 verbunden, Symbol für die am Landgrafenhof gepflegte ritterlich-höfische Adelskultur. Ludwig IV. der Heilige ist als Gemahl der Heiligen Elisabeth in Erinnerung geblieben.

Die Erhebung von Ludwigs Nachfolger Heinrich Raspe zum deutschen König 1246 bedeutete allerdings keinen krönenden Gipfelpunkt. Nicht nur, dass sich Heinrichs Königtum gegen den Staufer Friedrich II. in keiner Weise durchsetzen konnte, schon 1247 erloschen die Ludowinger im Mannesstamm. Ein blutiger Erbfolgekrieg endete mit der Teilung der Landgrafschaft in eine hessische und thüringische Hälfte. Letztere fiel an die wettinischen Markgrafen von Meißen, die später als Kurfürsten von Sachsen auch große Teile des südlichen Sachsen-Anhalts beherrschten.

Die Neuenburg thront über dem Unstruttal bei Freyburg.

Eindrucksvollstes Bau- und Kulturdenkmal der Landgrafenzeit ist die Neuenburg. Die um 1090 begründete Burg bei Freyburg hoch über dem Unstruttal mit seinen Weinhängen geht wie die Wartburg (um 1080) auf Graf Ludwig den Springer zurück. Er schuf damit den zweiten wichtigen Eckpfeiler ludowingischer Macht rund um das Thüringer Becken. Mit dem Aufstieg zu einem der einflussreichsten Fürstengeschlechter des Reiches erhielt die größte der Landgrafenburgen eine glänzende Ausstattung, die einen Vergleich mit den Herrschaftssitzen der staufischen Kaiser nicht zu scheuen brauchte. Heraus ragt hierbei die um 1175 entstandene schmuckvolle Doppelkapelle im romanischen Palas der Burg.

Die Ludowinger sind bis heute auch durch zahlreiche Sagen von Ludwig dem Springer über den Sängerkrieg auf der Wartburg bis hin zum Rosenwunder der Heiligen Elisabeth in der kollektiven Erinnerung verankert. Eine dieser Sagen, die wahre Geschichte und Poesie kunstvoll verweben, spielt auf der Neuenburg. Sie nimmt Bezug auf die große Machtstellung der Landgrafen und ihre Nähe zum staufischen Kaiserhaus. 1171 habe Kaiser Barbarossa bei einem Besuch seines Schwagers Ludwig II. die zu geringe Stärke der Mauern bemängelt. Innerhalb einer Nacht soll darauf Ludwig seine gewappneten Gefolgsleute um die Burg versammelt haben, worauf der Kaiser ausrief: „Treue Mannen sind die beste Mauer!“

9 Wurzeln der Wettiner
Burg Wettin und Kloster Petersberg

Die Wettiner waren als Markgrafen von Meißen, Landgrafen von Thüringen und Kurfürsten von Sachsen eines der mächtigsten Adelsgeschlechter Deutschlands. An ihre Wurzeln in Sachsen-Anhalt erinnern die Burg Wettin und das Kloster Petersberg.

Auf der Schwelle zur Neuzeit verfügte das Adelsgeschlecht der Wettiner über eines der mächtigsten Territorien des Deutschen Reiches. Als Markgrafen von Meißen hatten sie sich ab 1089 die Herrschaft über Sachsen erkämpft, 1247 erwarben die Wettiner die Landgrafschaft Thüringen und 1423 wurden sie mit dem Herzogtum Sachsen-Wittenberg in den Kurfürstenstand erhoben. 1519 brachte

man Kurfürst Friedrich den Weisen sogar als Kandidaten für die Kaiserkrone ins Spiel. Sein Bruder Ernst konnte als Erzbischof von Magdeburg und Bischof von Halberstadt den Einfluss auf fast ganz Mitteldeutschland ausdehnen.

Angesichts dieser im glanzvollen Zeitalter Augusts des Starken kulminierenden Erfolgsgeschichte gerät oft in Vergessenheit, woher dieses alte Adelsgeschlecht eigentlich stammt – nämlich aus dem heutigen Sachsen-Anhalt. Ursprünglicher Kernraum war wohl das Harzumland am östlichen Rand des Stammesgebietes der Sachsen. Als möglicher ältester Vorfahre wird um 875/80 ein Graf Friedrich aus dem Harzgau genannt. Ihm folgten die Grafen Friedrich und Volkmar sowie Dietrich oder Dedi. Letzterer fand 982 bei einem Heereszug Kaiser Ottos II. in Italien den Tod. Eine andere Deutung sieht den 926 nach Sachsen verbrachten schwäbischen Herzog Burkhard I. als Vater Dietrichs/Dedis. Jedenfalls dürften die Wettiner im Zuge der „Ostkolonisation" unter den Ottonen im 10. Jahrhundert die Saale überschritten und sich im eroberten Slawengebiet etabliert haben.

Namensgebender Stammsitz war die Burg Wettin über der Saale nördlich von Halle. Die heutige Stadt Wettin-Löbejün im Saalekreis mit ihren 10.000 Einwohnern wird nach wie vor von dem imposanten Bauwerk beherrscht. 961 erstmals unter Kaiser Otto dem Großen als „Vitin civitas" urkundlich erwähnt, geht sie möglicherweise auf eine slawische Burganlage zurück. Nach der Einbeziehung in das Deutsche Reich im 10. Jahrhundert wurde die Burg Mittelpunkt eines Burgwards und fiel an die Wettiner. Ihre mehrfach baulich überformte Stammburg verloren diese allerdings 1288 an den Erzbischof von Magdeburg und konnten sie auch später nicht wieder zurückerlangen. Nach mehrfachen Besitzerwechseln im Laufe der Jahrhunderte ist das Burg-Gymnasium Wettin seit 1991 auf dem Burggelände ansässig. Mit seinem Fachbereich Kunst samt Internat besitzt diese Schule ein ganz besonderes Profil und arbeitet eng mit der Kunsthochschule Burg Giebichenstein in Halle zusammen.

Das geistig-kulturelle Leben des Mittelalters blieb lange Zeit an die Kirche gebunden. Die entstehenden Klöster waren zugleich wichtige Macht- und Wirtschaftsfaktoren. Deshalb traten auch die Wettiner als eifrige Klostergründer auf. 1124 errichteten Markgraf Konrad der Große und sein Bruder Dedo nahe Wettin auf der höchsten Erhebung des Saalekreises wenige Kilometer nördlich von Halle das Augustiner-Chorherrenstift Petersberg (ursprünglich Lauterberg). In der eindrucksvollen romanischen Stiftskirche erinnert ein Kenotaph an den wettinischen Gründervater Konrad von Wettin. Allerdings wurde das Stift rasch durch das 1162 von seinem Sohn Otto dem Reichen gegründete Zisterzienserkloster Altzella bei Nossen als Hauskloster der Wettiner verdrängt. Seit 1999 ist auf dem Petersberg das evangelische Kloster Communität Christusbruderschaft Selbitz ansässig. Rundherum hat sich ein beliebtes Ausflugsareal entwickelt. In einer ehemaligen Försterei lässt das Museum Petersberg die Geschichte des Ortes und seines Umfeldes lebendig werden.

◂ Burg Wettin über der Saale.

10 Der Stammvater
Albrecht der Bär und die Askanier

Albrecht der Bär gilt als Stammvater der Askanier, die über Jahrhunderte die Geschichte Sachsen-Anhalts wesentlich mitbestimmten. Von der Altmark aus begründete der legendäre Fürst zudem 1157 die Mark Brandenburg.

Im Hochmittelalter hatten sich mit der Markgrafschaft Meißen und der Landgrafschaft Thüringen zwei wichtige Herrschaftsschwerpunkte in Mitteldeutschland herausgebildet. Ihre Vereinigung in der Hand der Wettiner 1264 beförderte deren Aufstieg zu einem der mächtigsten Herrscherhäuser des Reiches, das lange auch die Geschichte Sachsen-Anhalts mitbestimmte. Parallel hierzu hatte im 11. Jahrhundert der Aufstieg eines Adelsgeschlechtes begonnen, das eine kaum weniger mächtige Herrschaft aufbauen konnte. Die Askanier prägten als Herzöge von Sachsen(-Wittenberg) und Fürsten von Anhalt große Teile des heutigen Bundeslandes. Insbesondere aber begründeten sie unter ihrem legendären Stammvater Albrecht dem Bären von der Altmark ausgehend 1157 die Mark Brandenburg.

Die Askanier gehen als eines der ältesten Adelsgeschlechter bis ins 11. Jahrhundert zurück. Ihre Kernlande befanden sich im Schwabengau zwischen Harz und Saale, ihre ursprünglichen Hauptsitze waren die Burgen Ballenstedt, Aschersleben und Anhalt bei Harzgerode. Aschersleben sollte in latinisierter Form als Askania für das gesamte Geschlecht im 12. Jahrhundert namensgebend werden, während die Burg Anhalt 1212 dem Zweig der Fürsten von Anhalt ihren Namen verlieh. 1036 taucht mit dem Grafen Esico in einer Urkunde Kaiser Konrads II. der erste Vertreter dieser aufstrebenden Dynastie in der schriftlichen Überlieferung auf. Nach dem Tod des Grafen Adalbert von Ballenstedt 1080 kam es unter seinen Söhnen zur Erweiterung des Herrschaftsbereiches. Während Otto der Reiche die askanischen Kernlande erhielt, wurde Siegfried Graf von Weimar-Orlamünde. Beide hatten zweitweise als Herzog von Sachsen und Pfalzgraf bei Rhein hohe Würden erlangt.

Der bedeutendste Vertreter der Askanier freilich war Albrecht der Bär (reg. 1123–1170), Sohn Ottos des Reichen. Unter seiner langen Herrschaft begann der rasante Aufstieg des Geschlechtes zur nordostdeutschen Großmacht. Ausgangspunkt war die Belehnung Albrechts durch Kaiser Lothar von Supplinburg 1134 als Markgraf der Nordmark. Damit erweiterte sich der Herrschaftsbereich zunächst in die Altmark, die auch als „Wiege Brandenburgs" bezeichnet wird. 1150 erbte Albrecht das Havelland mit Brandenburg, das er 1157 mit Unterstützung des Magdeburger Erzbischofs in seinen Besitz bringen konnte. Fortan nannte er sich Markgraf von Brandenburg, was als Gründungsdatum Brandenburg-Preußens gilt. Über Jahrhunderte hinweg sollte die Altmark Teil der Mark

In der Krypta von Schloss Ballenstedt fand Albrecht seine letzte Ruhestätte.

Brandenburg bleiben, ehe sie 1815 zur preußischen Provinz Sachsen kam.

Die noch weitgehend autonomen Siedlungsgebiete der Slawen östlich der Elbe wurden nach ihrer Eroberung systematisch in den askanischen Herrschaftsbereich integriert und mit Siedlern aus dem Westen des Reiches durchsetzt. Albrecht gilt damit ähnlich wie zwei Jahrhunderte zuvor Markgraf Gero als ein wichtiger, von der älteren nationalen Geschichtsschreibung gefeierter Exponent der Christianisierung und deutschen Ostkolonisation. Auch der Aufschwung der Altmarkstädte wie Stendal, Salzwedel, Tangermünde und Gardelegen geht auf Albrecht zurück. Von großer Bedeutung war zugleich die Erlangung des Titels Herzog von Sachsen durch Albrecht den Bären 1137. Allerdings ging die vom König verliehene Herzogswürde 1142 an den mächtigen Welfen Heinrich den Löwen verloren. Die prestigeträchtige Position, später sogar mit der Würde eines Kurfürsten verbunden, sollte aber schon in der nächsten Generation wieder an die Askanier zurückfallen. Erst mit dem Aussterben der kursächsischen Linie der Askanier in Wittenberg gelangte der Kurfürstentitel 1423 an die Wettiner. Albrecht der Bär fand seine letzte Ruhestätte in der Krypta von Schloss Ballenstedt, der „Wiege Anhalts“.

11 Wiege Brandenburgs
Die Altmark

Die Altmark gilt als „Wiege Brandenburgs“, von der aus Albrecht der Bär 1157 den Grundstein für die spätere Großmacht Preußen legte. Die eher ländliche Region wird von traditionsreichen Handels- und Hansestädten wie dem Zentralort Stendal geprägt.

Die Altmark nimmt historisch gesehen eine Sonderstellung in Sachsen-Anhalt ein. Während große Teile des heutigen Bundeslandes besonders durch das Adelsgeschlecht der Wettiner über Jahrhunderte eng mit dem sächsisch-thüringischen Geschichtsraum verbunden waren, gehörte dessen Norden von Beginn an zu Brandenburg-Preußen. Mehr noch, gilt die Altmark geradezu als „Wiege Brandenburgs“ und damit der späteren europäischen Großmacht Preußen. Dies wiederum ist eng mit dem Askanier Albrecht dem Bären verbunden, einer der schillerndsten Persönlichkeiten des Mittelalters. Albrecht nannte sich nach der Eroberung des Slawenlandes im heutigen Brandenburg von der Altmark aus ab dem 11. Juni 1157 „Markgraf von Brandenburg“ („marchio in Brandenborch“). Die Bedeutung als westelbisches Ausgangsgebiet der Mark Brandenburg fand ihren Niederschlag im sprechenden Namen Altmark. Er taucht 1304 erstmals in den Quellen als „Antiqua Marchia“ („Alte Mark“) auf.

Der 11. Juni 1157 gilt gemeinhin als Geburtstag Brandenburg-Preußens, dessen Entwicklung die ältere Historiografie gerne als kontinuierliche Erfolgsgeschichte der Militär- und Reichseinigungsmacht von 1871 erzählte. Die Altmark blieb dabei über Jahrhunderte hinweg integraler Bestandteil der Mark Brandenburg, und die eher konservativen Altmärker prägten das Gesicht Brandenburg-Preußens wesentlich mit. Bekanntestes Beispiel ist der Junker Otto von Bismarck, der 1815 in Schloss Schönhausen an der Elbe im heutigen Landkreis Stendal geboren wurde. Im Revolutionsjahr 1848/49 wollte der spätere „Reichsgründer“ und „Eiserne Kanzler“ die Altmark gar zum Ausgangspunkt einer konservativen Gegenrevolution machen.

Letztlich wurde die Altmark erst in Bismarcks Geburtsjahr durch die Bildung der preußischen Provinz Sachsen mit dem Süden des heutigen Bundeslandes verknüpft. Aber selbst danach blieben die Altmärker noch in vielerlei Hinsicht eher auf Brandenburg orientiert bzw. pflegten ihr ausgeprägtes Eigenbewusstsein. So schickten sie keine Abgeordneten in den Provinziallandtag der Provinz Sachsen, sondern verfügten über einen selbstständigen „Kommunallandtag der Altmark“. Erst die Auflösung Preußens und die Bildung des Landes Sachsen-Anhalt 1945 fügten die Altmark fest in die neue politisch-administrative Ordnung ein. Nach Auflösung der Länder in der DDR 1952 zum Bezirk Magdeburg gehörig, zählt die Altmark seit 1990 zum Bundesland Sachsen-Anhalt. Nach zahlreichen

Die einstige Hansestadt Stendal gehört zu den geschichtsträchtigen Städten der Altmark.

Gebietsreformen umfasst sie heute im Wesentlichen den Landkreis Stendal und Altmarkkreis Salzwedel.

Das Gesicht der flachen, relativ dünn besiedelten Landschaft größtenteils westlich der Elbe wird seit jeher von der Landwirtschaft ebenso geprägt wie von ihren traditionsreichen Handelsstädten. Stendal, Gardelegen, Salzwedel, Tangermünde, Osterburg, Seehausen und Werben gehörten sogar der mächtigen Handelsvereinigung der Hanse an. Viele dieser Städte gehen auf Albrecht den Bären zurück und erlebten ihre Blütezeit im späten Mittelalter und der Frühen Neuzeit. Davon zeugen die oft gut erhaltenen Altstädte mit ihren zahlreichen Baudenkmalen im Stil der norddeutschen Backsteingotik. Mit rund 40.000 Einwohnern größte Stadt sowie Wirtschafts- und Verkehrsmittelpunkt der Altmark ist Stendal. Dort sind auch wichtige Kultureinrichtungen wie das Theater der Altmark und das Altmärkische Museum im ehemaligen Katharinenkloster angesiedelt.

12 Kleines Land mit großer Geschichte
Anhalt und die Askanier

Von den einst vier Linien der Askanier konnte sich nur die anhaltinische Linie dauerhaft behaupten. Das Fürstentum bzw. Herzogtum Anhalt um die Residenzen Dessau, Bernburg, Köthen und Zerbst hat ein großes Kulturerbe hinterlassen.

Unter den Nachkommen des legendären Stammvaters Albrecht des Bären spaltete sich der Gesamtbesitz der Askanier in vier Linien als Markgrafen von Brandenburg, Herzöge von Sachsen, Grafen von Anhalt und Grafen von Weimar-Orlamünde auf. Der askanische Herrschaftsbereich reichte vom Stettiner Haff bis nach Thüringen, von der Altmark und Anhalt bis ins heutige Polen. An der Schwelle zum Spätmittelalter hatte sich damit ein Machtkomplex entfaltet, der nicht nur ein ebenbürtiger Konkurrent der wettinischen Markgrafen von Meißen und Landgrafen von Thüringen war, sondern zu den einflussreichsten Herrschaften des Reiches gehörte.

Die anhaltinische Linie war 1212 nach dem Tod Herzog Bernhards III. entstanden, der über die askanischen Stammlande und das Herzogtum Sachsen verfügte. Sein Sohn Albrecht wurde Herzog von Sachsen, dessen Bruder Heinrich erhielt die askanischen Stammlande. Heinrich I. benannte seinen Familienzweig nun nach der Burg Anhalt im Ostharz bei Harzgerode und gilt als Begründer des Fürstentums Anhalt. Zugleich begann 1252 unter seinen Söhnen Heinrich, Bernhard und Siegfried die Erbteilung zunächst in die Linien Anhalt-Aschersleben, Anhalt-Bernburg und Anhalt-Köthen.

Das 800. Gründungsjubiläum Anhalts 2012 verdeutlicht die historische Bedeutung in jenem Bundesland, das den Namen bis heute auf der Landkarte Deutschlands bewahrt. Sein Territorium zwischen Harz und mittlerer Elbe blieb trotz aller Teilungen weitgehend konstant. Unter Albrecht dem Bären war zunächst Aschersleben der Mittelpunkt gewesen. Zu weiteren Residenzen entwickelten sich Ballenstedt, Bernburg, Köthen und Dessau. Mit Zerbst gelang 1307 eine Ausweitung nach Norden. Dagegen fiel das

Schloss Bernburg gilt als „Krone Anhalts".

für die Askanier namensgebende Aschersleben (latinisiert „Ascania") 1322 an den Bischof von Halberstadt. Damit blieben fortan die Besitzungen um Ballenstedt vom anhaltischen Hauptgebiet getrennt.

1320 erlosch die brandenburgische Linie der Askanier, deren Nachfolge 1415 die Hohenzollern antraten. Das in der Goldenen Bulle 1356 ebenfalls zum Kurfürstentum erhobene Herzogtum Sachsen(-Wittenberg) ging 1422 an die Wettiner verloren. Bereits 1346 hatten die Grafen von Weimar-Orlamünde ihre Souveränität eingebüßt. Die Region wurde fortan durch Sachsen und Brandenburg-Preußen geprägt. Die Askanier hielten sich dennoch bis 1918 im Schatten der mächtigen Nachbarn als Herrscher von Anhalt. Ihre Fürstentümer stiegen 1806/07 zu Herzogtümern auf. Nach dem Erlöschen der Linien in Köthen (1847) und Bernburg (1863) entstand das Herzogtum Anhalt mit der Hauptstadt Dessau. Machtpolitisch unbedeutend, sicherte man sich durch kulturelle Leistungen und dynastische Verbindungen seinen Platz in der Geschichte.

Die Residenzlandschaft bietet heute ein ambivalentes Bild. Das Gartenreich Dessau-Wörlitz des „Fürsten Franz" zählt zum UNESCO-Welterbe, Dessau hat dagegen im Zweiten Weltkrieg viel von seiner Ausstrahlung verloren. In Zerbst erinnert nur eine Ruine an das Schloss, das die angehende Zarin Katharina die Große 1744 Richtung Russland verließ. Stärker ihren historischen Charakter erhalten konnten sich Bernburg und Köthen. Das Bernburger Schloss über der Saale gilt als „Krone Anhalts", das Köthener Schloss präsentiert sich als Wirkungsstätte Johann Sebastian Bachs. Aber auch in kleinen Residenzen wie Ballenstedt, Harzgerode und Plötzkau haben sich Kulturdenkmale erhalten. Ballenstedt verfügt als „Wiege Anhalts" über einen bemerkenswerten Komplex mit Schloss samt Grablege Albrechts des Bären, Schlosspark von Peter Joseph Lenné und dem ältesten Schlosstheater des Landes.

13 Klingende Weltkultur
Johann Sebastian Bach und Köthen

Der große Barockmusiker Johann Sebastian Bach wirkte von 1717 bis 1723 als Kapellmeister des Fürsten Leopold in Köthen. Die anhaltische Residenz darf sich zugleich als Stadt der Sprachpflege, Ornithologie und Homöopathie bezeichnen.

Die Brandenburgischen Konzerte von Johann Sebastian Bach gehören zu den Klassikern – nicht nur der Barockmusik. Entstanden ist jenes Stück Weltkultur aber keineswegs am Hofe des Kurfürsten von Brandenburg, sondern im beschaulichen Köthen von Fürst Leopold. Dies wirft ein Schlaglicht auf die große Kulturtradition Anhalts. Leopold von Anhalt-Köthen gehörte zu den Herrschern aus dem einst mächtigen Hause der Askanier. Jenes verzweigte Adelsgeschlecht hatte zwar im ausgehenden Mittelalter einen Großteil seiner Herrschaften als Markgrafen von Brandenburg, Herzöge von Sachsen und Grafen von Weimar-Orlamünde verloren, als Grafen bzw. Herzöge von Anhalt konnten sie sich jedoch bis 1918 behaupten. Lange in mehrere Linien aufgespalten, entfalteten die machtpolitisch unbedeutenden Kleinstaatenherrscher in Dessau, Bernburg, Zerbst und Köthen ein beachtliches Kulturleben.

Leopold ragt hierbei als Arbeitgeber und Freund Bachs neben dem Dessauer Fürsten Franz mit seinem Dessau-Wörlitzer Gartenreich zweifellos heraus. Der große Barockmusiker und Komponist wirkte von 1717 bis 1723 als Kapellmeister und Kammermusikdirektor in der anhaltischen Residenz. Bach sah sich dem musikalisch begabten jungen Fürsten sehr nahe. Man musizierte gemeinsam und Leopold wirkte sogar als Violinist im Orchester mit. Die persönliche Verbundenheit fand auch in der Taufpatenschaft Leopolds für Bachs Sohn Leopold August 1718 ihren Ausdruck. Trotz seines Wechsels als Thomaskantor nach Leipzig 1723 blieb Bach Köthen weiter verbunden, das er bis zum Tod Leopolds 1728 noch mehrfach besuchte. Weiter den Titel eines Fürstlich-Köthenischen Kapellmeisters tragend, steuerte er etwa Musikstücke für Festlichkeiten des Hofes bei.

Die Bachstadt Köthen entfaltet mit ihren 26.000 Einwohnern noch immer die Atmosphäre einer beschaulichen Residenz. Anders als etwa in Dessau und Zerbst wurde der alte askanische Herrschaftssitz im Zweiten Weltkrieg nicht flächenhaft zerstört. Die Altstadt ist von einer Parklandschaft mit Schlosspark und Fasanerie umgeben. Der Komplex des Residenzschlosses, bis 1847 Sitz eines der Familienzweige der anhaltinischen Askanier, bildet den lebendigen Mittelpunkt der Erinnerungskultur. An der Stelle einer slawischen Burg entstand nach der Eroberung durch Albrecht den Bären ein Herrschaftssitz der Askanier, der im späten 14. Jahrhundert erstmals als Burg urkundlich erwähnt wird. Die ältesten erhaltenen Baulichkeiten gehen bis ins 16. Jahrhundert zurück. Das Schloss mit seinem prächtigen Spiegelsaal beherbergt

Das Bachdenkmal in Köthen.

ein Historisches Museum mit Bachgedenkstätte sowie weitere Sammlungen zur Ornithologie und Vorgeschichte Anhalts. Hinzu kommt der Marstall mit Veranstaltungszentrum, Café und Musikschule.

Die ebenfalls im Marstall ansässige Neue Fruchtbringende Gesellschaft erinnert daran, dass Köthen von 1617 bis 1650 Sitz der Fruchtbringenden Gesellschaft war. Die nach ihrem Emblem auch Palmenorden genannte erste deutsche Sprachgesellschaft war wesentlich von Fürst Ludwig von Anhalt-Köthen mitgegründet worden, der bis zu seinem Tode 1650 auch als Oberhaupt fungierte. Freilich erschöpft sich die historische Bedeutung Köthens nicht in der Kultur der Barockzeit. Das ornithologische Museum verweist auf Johann Friedrich Naumann, der als Begründer der Vogelkunde in Mitteleuropa gilt. Naumann hatte seine Sammlung 1821 an Herzog Ferdinand verkauft, seit 1835 ist sie im Ferdinandsbau des Schlosses zu sehen. Der Begründer der Homöopathie Samuel Hahnemann wirkte von 1821 bis 1835 als Herzoglicher Leibarzt in Köthen. An die Ursprünge jener Alternativmedizin erinnern in der Homöopathiestadt das Schlossmuseum, Hahnemanns Wohnhaus, ein Denkmal und die Europäische Bibliothek für Homöopathie.

14 Legendäre Zarin aus Anhalt
Katharina die Große und Zerbst

Zarin Katharina die Große von Russland gehört zu den bekanntesten Persönlichkeiten der Weltgeschichte. An ihre Herkunft als Prinzessin Sophie aus dem Hause Anhalt erinnert man heute stolz in der einstigen Residenzstadt Zerbst.

Sie gehört zweifellos zu den bekanntesten und sagenumwobensten Persönlichkeiten der Weltgeschichte. Zarin Katharina II. von Russland wurde als einziger Herrscherin der Beiname „die Große" zuerkannt – eine Ehre, die sonst nur Männer von Alexander dem Großen bis zu ihrem Zeitgenossen Friedrich dem Großen verliehen bekamen. Von 1762 bis 1796 herrschte die Kaiserin als Vertreterin des aufgeklärten Absolutismus von St. Petersburg aus über das größte Reich der Erde. Viele Legenden ranken sich dabei um ihr vermeintlich ausschweifendes Liebesleben. Tatsächlich besaß die Fürstin zahlreiche Liebhaber, denen sie freilich keinen maßgeblichen Einfluss auf die Politik gewährte. Zu den bekanntesten zählen der spätere polnische König Stanislaus II. August Poniatowski, Graf Orlow und Fürst Potjomkin.

Ihre ausgeprägte Durchsetzungsfähigkeit hatte die ab 1745 mit Thronfolger Peter aus dem Hause Romanow verheiratete Fürstin bereits mit dem Putsch gegen ihren Gatten unter Beweis gestellt. Dieser hatte 1762 nach dem Tod seiner Mutter, Zarin Elisabeth, als Peter III. ihre Nachfolge auf dem Zarenthron angetreten. Laut später wesentlich von Katharina geprägter Überlieferung soll er sich jedoch als unwürdiger Alleinherrscher aller Russen aufgeführt haben. Mit Unterstützung der Garderegimenter ließ sie den Zaren für abgesetzt erklären, der in der Haft unter ungeklärten Umständen ums Leben kam. Nach ihrer Krönung in der Himmelfahrtskathedrale des Moskauer Kremls sollte sie für dreieinhalb Jahrzehnte die Geschicke des Landes erfolgreich leiten.

Weniger bekannt ist die Herkunft der deutschen Prinzessin, die für ihre Reformen deutsche Beamte ins Land holte und für die Ansiedlung der Wolgadeutschen sorgte. Katharina wurde 1729 als Prinzessin Sophie Auguste Friederike von Anhalt-Zerbst in Stettin geboren. Dort war ihr Vater, Fürst Christian August von Anhalt-Zerbst, ganz in der Tradition der Askanier als preußischer General und Gouverneur von Stettin tätig – später erlangte sein Verwandter Fürst Leopold I. von Anhalt-Dessau als „Alter Dessauer" in preußischen Diensten große Bekanntheit. Nach der Kindheit im Stettiner Schloss zog die Familie im Zuge der Regierungsübernahme Christian Augusts 1742 zurück nach Zerbst. Der Aufenthalt in der alten anhaltischen Residenz sollte allerdings nur ein kurzes Intermezzo werden. Im Januar 1744 brach Sophie zu ihrer langen Reise Richtung St. Petersburg auf, um dort als Katharina die Große Weltgeschichte zu schreiben.

Das Denkmal für Zarin Katharina die Große in Zerbst.

In Zerbst, das sich als Heimatstadt von Katharina der Großen vermarktet, dreht sich heute vieles um die bekannteste Tochter der Stadt. Insbesondere in Russland ist das Andenken an die Herrscherin des „Goldenen Zeitalters", das freilich für viele Untertanen des autokratisch beherrschten Riesenreiches wenig goldige Züge trug, zudem noch sehr lebendig. Ausdruck hierfür ist das 2010 aufgestellte Bronzedenkmal der Herrscherin mit den Insignien ihrer Macht im Schlosspark. Finanziert wurde das Geschenk an die Zerbster, hergestellt von einem Moskauer Bildhauer, komplett von Russland aus. Das Denkmal steht in einer Umgebung, in der nur noch wenig an die einstige Residenzstadt erinnert. Luftangriffe zerstörten im April 1945 das imposante Schloss und 80 Prozent der Innenstadt, die heute weitgehend vom Wiederaufbau nach 1945 geprägt ist. Allerdings hat man seit 1989/90 viele Anstrengungen unternommen, historische Spuren des alten Zerbst offenzulegen. Ein Förderverein bemüht sich sogar um die schrittweise Rekonstruktion des Schlosses. In einem der erhaltenen Kavalierhäuser widmet sich eine Ausstellung des Zerbster Museums der legendären Zarin.

15 Der Sachsenspiegel
Eike von Repgow und Burg Falkenstein

Der „Sachsenspiegel" des Eike von Repgow aus Reppichau gilt als das bedeutendste und älteste Rechtsbuch des Mittelalters. Entstanden ist es vermutlich auf der imposanten Burg Falkenstein, heute eines der beliebtesten Ausflugsziele im Ostharz.

Der „Sachsenspiegel" des Eike von Repgow ist das wohl bekannteste deutsche Rechtsbuch. Entstanden zwischen 1220 und 1235, kann es auf mehrere Superlative verweisen: Es gilt als das bedeutendste und älteste Rechtsbuch des Mittelalters und zugleich als erste in mittelniederdeutscher Sprache verfasste Prosaliteratur. Die Rechtsprechung war bis dahin weitgehend auf mündlicher Überlieferung und wenigen Schriftquellen basierendes Gewohnheitsrecht, das von Laien ausgeübt wurde. Zudem besaßen die deutschen Stämme noch unterschiedliche Rechtstraditionen, so auch der Stamm der (Nieder-) Sachsen, von dem Eike von Repgows Vorfahren abstammten. Von unserem heutigen Rechtsverständnis mit klaren, in Gesetzen universell fixierten Regeln und Verfahrensweisen war dies noch weit entfernt.

Aus dem wachsenden Bedürfnis nach einer Sammlung der rechtlichen Regelungen heraus schuf der Ministeriale des Fürsten Heinrich von Anhalt dieses ausführliche Regelwerk. Obwohl es sich nur um eine private Aufzeichnung des sächsischen Gewohnheitsrechts handelte, gewann der Sachsenspiegel bald großen Einfluss. Besonders im (nieder-) sächsisch-norddeutschen Raum erlangte er für Jahrhunderte die Bedeutung einer verbindlichen Grundlage für Rechtsanwendung und Rechtsprechung. Der in vier prächtigen Bildhandschriften – Dresdner, Heidelberger, Oldenburger und Wolfenbütteler Bilderhandschrift – und zahlreichen weiteren Handschriften überlieferte Rechtstext umfasst das damalige Landrecht und Lehnsrecht. Das Landrecht der freien Leute behandelt Grundstücksangelegenheiten, Erbschafts- und Ehefragen, Güterverteilung und Nachbarschaftsangelegenheiten samt Strafrecht und Gerichtsverfassung. Das Lehnsrecht beschäftigt sich mit dem Verhältnis zwischen den Ständen (Wahl des Königs, Pflichten der Lehnsleute u.Ä.). Damit bildet der Sachsenspiegel auch eine wichtige Quelle für die Geschichtsschreibung zum Mittelalter, die oft mit Abbildungen aus den Bilderhandschriften illustriert wird.

Eike von Repgow entstammte vermutlich einer niederadligen Familie mit Sitz und Stammgut in Reppichau im heutigen Landkreis Anhalt-Bitterfeld, die traditionell an der Rechtsprechung beteiligt war. Sie gehörte zu den Vasallen der Erzbischöfe von Magdeburg. In seiner Jugend erhielt Eike eine gediegene Schulausbildung, vermutlich an der Halberstädter oder Magdeburger Domschule. Durch Reisen im Gefolge adliger Herren lernte er das höfische Leben und dessen Gepflogenheiten kennen. Freundschaftlich verbunden war Eike von Repgow dem Grafen Hoyer von Falkenstein, der zugleich Stiftsvogt von Quedlinburg war.

Die wichtige Rolle Graf Hoyers als namentlich erwähnter Auftraggeber und bei der raschen Verbreitung des Sachsenspiegels hat zu der Vermutung geführt, dass auch die Aufzeichnung des Sachsenspiegels auf dessen Burg Falkenstein im Ostharz erfolgt sein könnte. Wenn auch in jüngster Zeit das Kloster Altzella bei Nossen als alternativer Entstehungsort ins Spiel gebracht wurde, spricht doch einiges dafür. In jedem Fall zählt die imposante mittelalterliche Höhenburg, deren Geschichte bis ins Jahr 1120 zurückreicht, heute zu den beliebtesten Ausflugszielen im Harz. Hierzu tragen das anschauliche Burgmuseum, Erlebnisgastronomie, eine Falknerei und regelmäßige Veranstaltungen, wie das „Minneturnier" in der Tradition mittelalterlicher Sängerwettstreite, maßgeblich bei. In mehr als 30 Filmen bildet die Burg eine im wahrsten Sinne märchenhafte Kulisse.

Burg Falkenstein im Harz.

16 Die bunte Stadt am Harz
Fachwerk-Kleinod Wernigerode

Der bekannte Naturdichter Hermann Löns prägte für Wernigerode das Motto von der „bunten Stadt am Harz". Die malerische Fachwerkstadt am Fuße des Brockens gehört heute zu den beliebtesten Tourismuszielen in Sachsen-Anhalt.

Hermann Löns gilt als der große deutsche Naturdichter. Sein Name ist eng verbunden mit der Lüneburger Heide, die Löns geradezu zum Mythos machte. Als Reaktion auf das zunehmend hektische Großstadtleben sah sich der Journalist und Schriftsteller aus Hannover stark der Natur verbunden. Auch vom Leben in ruhigeren Provinzstädten fühlte er sich angezogen. So genoss Löns die vier Wochen im Mai 1907 in vollen Zügen, als er mit seiner Familie Urlaub in Wernigerode machte. Die ausgedehnten Streifzüge durch die malerischen Fachwerkgassen der Altstadt und in die umliegende Natur des Harzes machten einen tiefen Eindruck auf ihn. Krönung war die Besteigung des sagenumwobenen Brockens gemeinsam mit dem Wernigeröder Lehrer Wilhelm Voigt. Hierbei blieben Löns auch die negativen Folgen des immer rasanter einsetzenden Fremdenverkehrs nicht verborgen, vor denen er ausdrücklich warnte.

Der Aufenthalt des bekannten Dichters sollte nachhaltige Folgen haben für die schon damals bei Touristen beliebte Stadt am Fuße des „Blocksberges". Mit dem Brocken, der heute zusammen mit dem Luftkurort Schierke zum Stadtgebiet gehört, war sie seit 1899 durch die Harzquerbahn und Brockenbahn aufs bequemste verbunden. Aus Löns Feder stammt das Motto „Die bunte Stadt am Harz". 1909 veröffentlichte er einen gleichnamigen Artikel in der „Hannoverschen Zeitung", dessen Rechte die Stadt Wernigerode erwarb und seither erfolgreich mit diesem Spruch wirbt. Und das Löns-Motto verspricht nicht zu viel: Die Altstadt, teils noch umgeben von der alten Stadtmauer mit ihren Toren und Türmen sowie überragt vom märchenhaft anmutenden Schloss Wernigerode, ist ein Feuerwerk an bunter Fachwerkarchitektur.

Wernigerode wurde 1121 erstmals als Sitz der Grafen von Wernigerode urkundlich erwähnt. An deren Stelle traten 1429 die Grafen von Stolberg(-Wernigerode), die über Jahrhunderte hinweg die Geschicke der Stadt wesentlich mitbestimmten. 1229 hatte die um 900 angelegte Rodungssiedlung das Stadtrecht erhalten und entwickelte sich zu einer beachtlichen Handels- und Handwerkerstadt. In der zweiten Hälfte des 19. Jahrhundert wurde das nunmehr preußische Wernigerode auch ein moderner Industriestandort. Die an der neuen Autobahn A 36 gelegene Stadt mit ihren rund 33.000 Einwohnern gehört trotz aller Verwerfungen des 20. Jahrhunderts nach wie vor zu den wichtigen Wirtschaftszentren im östlichen Harzvorland. Am bekanntesten dürfte die 1872 im Vorort Hasserode

Rathaus und Marktbrunnen in Wernigerode.

gegründete Brauerei sein, die den Harzer Auerhahn auf ihren Etiketten führt. Mit der Hochschule Harz (FH) gehört Wernigerode zusammen mit Halberstadt auch zu den Hochschulstädten des Landes.

Prägender Wirtschaftszweig ist freilich der Tourismus. Das Fachwerk-Kleinod zieht jedes Jahr Hunderttausende Besucher an. Die Altstadt mit dem weithin bekannten Rathaus am Markt, das im 16. Jahrhundert seine einzigartige Form erhielt, ist dabei der wichtigste Teil der historischen Erinnerungskultur. Hinzu kommen sehenswerte Museen – vom Stadt und Region gewidmeten Harzmuseum über das „Kleinste Haus" und das „Schiefe Haus" bis hin zum Luftfahrt- und Feuerwehrmuseum. Das Schloss der einstigen Grafen von Stolberg-Wernigerode auf einer Anhöhe südöstlich der Stadt wird ebenfalls museal genutzt. Neben der Schlossgeschichte liegt ein Schwerpunkt auf der Kunst- und Kulturgeschichte des Adels im 19. Jahrhundert. Dies passt schlüssig zum Bauwerk, das in jener Zeit als Musterbeispiel des Historismus seine neogotische Form erhielt. Unter Graf (ab 1890 Fürst) Otto von Stolberg-Wernigerode, 1878/81 Vizekanzler Otto von Bismarcks, wurde im Schloss sogar die große Politik des Deutschen Kaiserreiches von 1871 mitbestimmt.

17 Zwischen Sachsen und Preußen
Die geistlichen Fürstentümer

Die geistlichen Fürstentümer waren im Mittelalter florierende Staatswesen. Nach der Reformation gingen sie in ihren mächtigen Nachbarn auf. Naumburg/Zeitz und Merseburg fielen an Sachsen, Magdeburg und Halberstadt an Brandenburg-Preußen.

Im Mittelalter konnten sich die vier geistlichen Herrschaften im heutigen Sachsen-Anhalt – das Erzstift Magdeburg und die Hochstifte Halberstadt, Naumburg/Zeitz und Merseburg – als Reichsstände zwischen den mächtigen Herrscherhäusern der Region behaupten. An ihrer Spitze standen der Erzbischof bzw. Bischof, gewählt vom jeweiligen Domkapitel. Besonders Magdeburg und Halberstadt bauten beachtliche Territorien auf. Ihre Herrschaftsmittelpunkte entwickelten sich zu repräsentativen Residenzen mit beeindruckenden Sakralbauwerken, allen voran die Dome von Magdeburg, Halberstadt, Merseburg und Naumburg. Kunstschätze zeugen von Macht und Reichtum der geistlichen Herrscher. So gilt der Domschatz von Halberstadt als einer der wertvollsten weltweit.

Über Jahrhunderte konkurrierten die Nachbarn Sachsen und Brandenburg-Preußen um Einfluss auf diese florierenden Fürstentümer. Nach dem Westfälischen Frieden 1648 ging das Erzstift Magdeburg als Herzogtum und das Hochstift Halberstadt als Fürstentum im brandenburgischen Staat auf. Sie profitierten nach den Verheerungen des Dreißigjährigen Krieges von der gezielten Wirtschaftspolitik und religiösen Toleranz. Dies zog Glaubensflüchtlinge aus Westeuropa, insbesondere französische Hugenotten, an, die sich in Magdeburg, Halle, Halberstadt und Stendal ansiedelten. Die jüdische Gemeinde in Halberstadt blühte auf, neben Dessau eine der größten Deutschlands. Zugleich dehnte man die straffe Militärorganisation auf die Region aus. Magdeburg wurde zu einer der größten Festungen ausgebaut, die am wichtigen Elbübergang das Kernland mit Berlin vor Angriffen aus dem Westen schützen sollte.

In Naumburg/Zeitz und Merseburg behielten die Wettiner die Oberhand. 1541 wurde der Theologe Nikolaus von Amsdorf, der „Reformator Magdeburgs“, zum Bischof in Naumburg ernannt. 1544 trat Fürst Georg von Anhalt sein Amt als Bischof in Merseburg an. Mussten die Amtsinhaber nach dem Schmalkaldischen Krieg 1546/47 auch wenig später wieder zurücktreten, so konnte doch die Entwicklung nicht aufgehalten werden. Nach dem Tod des letzten katholischen Bischofs von Merseburg 1561 setzte sich die Reformation dort endgültig durch und wenig später fiel das Territorium ebenso wie Naumburg/Zeitz an Kursachsen.

Kurfürst Johann Georg I. verfügte in seinem Testament, dass seine drei jüngeren Söhne auf dem Territorium der ehemaligen Hochstifte sogenannte Sekundogenituren erhalten sollten.

Marktplatz in Weißenfels mit Schloss Neu-Augustenburg im Hintergrund.

1656 traten jene Herzogtümer mit eingeschränkter Souveränität ins Leben. Sachsen-Merseburg (bis 1738), Sachsen-Weißenfels (bis 1746) und Sachsen-Zeitz (bis 1718) entfalteten ein beachtliches Kulturleben und prägten mit ihren Schlössern und Parks das Stadtbild ihrer Residenzen. In Weißenfels mit seinem Barockschloss Neu-Augustusburg blühten Literatur und Musik. Hier verbrachte Heinrich Schütz die letzten beiden Jahrzehnte bis zu seinem Tod 1672. Herzog Johann Adolf I. soll den Vater des jungen Georg Friedrich Händel, seinen Hofchirurgen, von dessen musikalischer Begabung überzeugt haben.

Mit Ausnahme des zersplitterten Fürstentums Anhalt stand also seit dem 17. Jahrhundert der Norden Sachsen-Anhalts unter brandenburgisch-preußischer Herrschaft, der Süden unter sächsischer. Mit dem Wiener Kongress 1815 fiel auch der Süden an das Königreich Preußen, das alle Gebiete in der Provinz Sachsen bündelte. Der Zusammenschluss mit Anhalt führte schließlich 1945 bzw. endgültig 1990 zum heutigen Land Sachsen-Anhalt.

18 Älteste gotische Kathedrale
Der Magdeburger Dom

Der Magdeburger Dom steht für die ambitionierten Anfänge der Stadt unter Otto dem Großen und für das mächtige Erzbistum Magdeburg. Er zählt als älteste Kathedrale der Gotik auf deutschem Boden zu den herausragenden Baudenkmalen des Landes.

Kaiser Otto der Große hatte große Pläne mit Magdeburg. Sein bevorzugtes Machtzentrum sollte ab 968 als Sitz des neuen Erzbistums Magdeburg die Christianisierung weit in den Osten tragen. Auch wenn diese Ambitionen bald mit dem polnischen Erzbistum Gnesen an ihre Grenzen stießen, so gehörten die Erzbischöfe von Magdeburg doch weiterhin zu den angesehensten Kirchenfürsten des Reiches und erhoben wie ihre Amtskollegen in Trier, Mainz und Salzburg Anspruch auf den Ehrentitel „Primas Germaniae" als bedeutendster Bischof „Germaniens", also der deutschen Länder. Dem Metropoliten an der Elbe, dessen Amtsbereich aus Teilen des benachbarten Bistums Halberstadt geschaffen worden war, unterstanden als untergeordnete Suffraganbistümer Brandenburg, Havelberg, Zeitz/Naumburg, Merseburg und Meißen.

Die Erzbischöfe stiegen ab dem 12. Jahrhundert auch zu weltlichen Landesherren auf, deren Besitz als Erzstift Magdeburg zu den geistlichen Territorien des Reiches zählte. Der Herrschaftsbereich umfasste mehre voneinander getrennte Ländereien im mittleren und südlichen Sachsen-Anhalt sowie teils über die heutigen Landesgrenzen hinaus: das Gebiet um Magdeburg mit Haldensleben, Oebisfelde, Wolmirstedt, Mansfeld, Schraplau, Burg, Genthin, Jerichow, Möckern, Leitzkau, Plaue, das Gebiet um Halle, das Gebiet um Jüterbog mit Dahme und Luckenwalde sowie weitere verstreute Exklaven. Erfolgreich behauptete sich das Erzstift gegen die großen Fürsten der Region, konnte 1288 sogar den Wettinern ihren namensgebenden Stammsitz Wettin an der Saale abspenstig machen. Freilich sorgte die zunehmende Autonomie der Bürgerschaft in den beiden prosperierenden Handelsstädten Magdeburg und Halle auch für zeittypische Spannungen mit dem Erzbischof. Dies führte sogar so weit, dass der Landesherr seine Residenz aus der Mittelaltermetropole Magdeburg nach Halle verlegte.

Gleichwohl ist der Aufschwung der Stadt Magdeburg auch ihrer Funktion als Amtssitz der Erzbischöfe zwischen dem 10. und 17. Jahrhundert zu verdanken. Eindrucksvollstes Symbol der ambitionierten Anfänge unter Otto dem Großen und der Macht der erzbischöflichen Landesherren im Mittelalter ist der Magdeburger Dom. Der Dom zu Magdeburg St. Mauritius und Katharina, dessen Anfänge in die ottonische Zeit zurückreichen, hat zudem Bau- und Kunstgeschichte geschrieben. Er ist die älteste, von Anfang an im damals nach dem romanischen Zeitalter neuen Baustil konzipierte Kathedrale der Gotik auf deutschem Boden. Die dreischiffige

Der Magdeburger Dom überragt die Landeshauptstadt.

Kreuzbasilika mit Umgangschor wurde nach einem großen Stadtbrand ab 1207 gebaut, im Jahr 1363 als Kathedrale des Erzbistums Magdeburg geweiht und mit der Fertigstellung der Türme 1520 endgültig abgeschlossen. Mit der Grablege Kaiser Ottos des Großen verfügt der Dom zudem über einen bedeutenden, seine Würde zusätzlich steigernden historischen Erinnerungsort.

Mit der Reformation und dem Ende des Erzstiftes Magdeburg im 17. Jahrhundert, das nunmehr zu Brandenburg-Preußen gehörte, wandelte sich die Funktion des seit 1567 evangelischen Doms. Ähnlich wie die Bemühungen um den Kölner Dom wurde auch das Magdeburger Gotteshaus im 19. Jahrhundert vom preußischen Staat restauriert. Während des Zweiten Weltkriegs wurde die Altstadt weitgehend in Schutt und Asche gelegt und auch das Bauwerk stark zerstört. Bis 1955 konnten die Schäden jedoch behoben werden. Der Dom ist heute Predigtkirche des in Magdeburg ansässigen Landesbischofs der Evangelischen Kirche in Mitteldeutschland und lebendige Pfarrkirche. Darüber hinaus ist er mit seinen beiden mächtigen, fast 100 Meter hohen Türmen und dem hohen Langhaus das im wahrsten Wortsinne überragende Wahrzeichen der Elbestadt und ihr wichtigster touristischer Anziehungspunkt. Seit 2018 bietet das neue Dommuseum Ottonianum eine ansprechende Ausstellung zu Kaiser Otto dem Großen und dessen Gattin Editha, zum Erzbistum Magdeburg und den archäologischen Forschungen rund um den Dom.

19 Macht und Glanz der Kirche
Der Domschatz von Halberstadt

Der Halberstädter Dom mit seinem einzigartigen Domschatz steht für die Macht und den Reichtum der Kirche im Mittelalter. Heute zieht das Herzstück des einstigen Hochstiftes Halberstadt zahlreiche Touristen an.

Der Domschatz von Halberstadt gilt als einer der wertvollsten und umfangreichsten mittelalterlichen Kirchenschätze. Zu den mehr als 650 Objekten zählen prächtige liturgische Gewänder, Bronzearbeiten und Goldschmiedewerke, Skulpturen und Altarbilder. Ein internationales Meisterwerk der Textilkunst stellt etwa der Abraham-Engel-Teppich (um 1150) dar. Rund 300 Highlights des Schatzes sind seit 2008 in der Dauerausstellung in den historischen Räumen der Domklausur zu erleben. Der Dom St. Stephanus und St. Sixtus selbst gehört zu den schönsten gotischen Kathedralen Deutschlands. Er entstand vom 13. bis zum 15. Jahrhundert in Konkurrenz zur Kathedrale des benachbarten Erzstiftes Magdeburg im seinerzeit hochmodernen Stil der Gotik nach französischem Vorbild. Trotz aller späteren Wechselfälle der Geschichte hat sich die lang gestreckte dreischiffige Basilika über kreuzförmigem Grundriss mit den schlanken Türmen ihre historische Ausstrahlung bewahrt. Zusammen mit den Klausurgebäuden samt vierflügeligem Kreuzgang und Neuenstädter Kapelle erinnert sie an die Zeit des mächtigen und wohlhabenden Bistums und Hochstiftes Halberstadt.

Das Bistum Halberstadt geht zurück auf die Unterwerfung und Christianisierung des Stammes der Sachsen durch Kaiser Karl den Großen. 804 zunächst in Osterwieck angesiedelt, ist der Sitz des Bischofs seit 814 in Halberstadt belegt. Das Missionsbistum reichte bis zur Elbe-Saale-Linie, die die Grenze zum Slawengebiet markierte. Unter Kaiser Otto dem Großen musste Halberstadt jedoch den östlichen Teil seiner Diözese an das 968 eingerichtete Erzbistum Magdeburg abtreten. Allmählich bauten die Bischöfe auch eine weltliche Landesherrschaft auf, das Hochstift Halberstadt mit Gebieten im weitem Umkreis um die prächtig ausgebaute Bischofsstadt. Ebenso wie das Erzstift Magdeburg und die Hochstifte Merseburg und Naumburg/Zeitz konnte es sich gegen die weltlichen Fürsten der Region behaupten. 1322 erwarb der Bischof sogar von den mächtigen Askaniern deren namensgebende Stadt Aschersleben.

Nach der Reformation, die rasch die gesamte Bevölkerung erfasste, entstand die ungewöhnliche Situation eines gemischten Domkapitels mit evangelischen und katholischen Mitgliedern. 1566 wählten diese erstmals einen evangelischen Bischof. Im Dreißigjährigen Krieg noch einmal von Rekatholisierung bedroht, wurde das Hochstift mit dem Westfälischen Frieden 1648 aufgelöst und dem brandenburgisch-preußischen Staat einverleibt. Die einstige florierende Hansestadt Halberstadt mit ihrem Roland

Der Domplatz in Halberstadt.

vor dem Rathaus entwickelte sich im 19. Jahrhundert zum Industriezentrum. Gleichzeitig blieb die malerische Altstadt mit ihren zahlreichen Fachwerkhäusern erhalten.

Zur einschneidendsten Zäsur der Stadtgeschichte gerieten so die Zerstörungen im Zweiten Weltkrieg. Am 8. April 1945 wurde die Innenstadt durch einen amerikanischen Luftangriff zu gut 80 Prozent vernichtet, wobei rund 2.500 Menschen das Leben verloren. Der Wiederaufbau in der DDR-Zeit nahm kaum Rücksicht auf die historischen Strukturen. Nur besondere Kulturdenkmale wie der Dom erlebten ihre Renaissance. Nach 1989/90 erfolgte die Restaurierung der verbliebenen Bausubstanz und der Bau eines modernen Stadtzentrums im Maßstab der historischen Altstadt. Der Schlusspunkt konnte 1998 mit dem neuen Rathaus gesetzt werden, in das Teile des historischen Vorgängers integriert wurden. Das „Tor zum Harz" hat sich zum Mittelpunkt der tourismusträchtigen Region entwickelt und fungiert seit 2007 auch als Kreisstadt des Landkreises Harz, entstanden aus den ehemaligen Kreisen Halberstadt, Quedlinburg und Wernigerode. In der Stadt lohnen neben dem Dom u.a. das Städtische Museum, das Naturkundemuseum Heineanum und das Gleimhaus einen Besuch.

20 Stadt der fünf Türme
Die Handels- und Bischofstadt Halle

Dank des Salzhandels erlangte Halle im Mittelalter weitgehende Autonomie vom Magdeburger Erzbischof. Nach deren Verlust 1478 fungierte es als glanzvolle erzbischöfliche Residenz und gelangte 1648 endgültig an Brandenburg-Preußen.

Die Stadt Halle an der Saale nahm ab dem frühen 12. Jahrhundert eine beachtliche Aufwärtsentwicklung, die eng mit dem Salzhandel verbunden war. Die reichen Erträge aus dem Verkauf des „weißen Goldes“ lagen zunächst in der Hand der Magdeburger Erzbischöfe, zu deren Herrschaftsgebiet die Stadt gehörte. Ab Ende des 12. Jahrhunderts bildete sich die Innung der Pfänner heraus, die Salzgewinnung und -handel an sich zogen. Die von ihnen geführte Bürgerschaft erwarb ab der zweiten Hälfte des 13. Jahrhunderts vom Magdeburger Erzbischof weitgehende Autonomie. Halle stieg zur bedeutenden Fernhandelsstadt mit bis zu 7.000 Einwohnern auf, die 1281 erstmals urkundlich als Mitglied der Hanse erwähnt wird. Symbol dieser Blütezeit ist der Rote Turm mit dem Hallischen Roland am Marktplatz, errichtet von 1418 bis 1506. Er prägt zusammen mit der benachbarten Marktkirche Unser Lieben Frauen die markante Silhouette der „Stadt der fünf Türme“.

Im ausgehenden Mittelalter verstärkten jedoch die Magdeburger Erzbischöfe, meist von den sächsischen Wettinern oder brandenburgischen Hohenzollern gestellt, ihren Zugriff auf die Stadt. Von 1476 bis 1513 konnte Ernst von Wettin, Sohn von Kurfürst Ernst von Sachsen und jüngerer Bruder Friedrichs des Weisen, als Erzbischof von Magdeburg und Administrator von Halberstadt den Machtanspruch der Wettiner untermauern. Ihm gelang 1478 die Unterwerfung der Stadt Halle. Symbol hierfür und neue Residenz des Erzbischofs wurde die bis 1503 errichtete spätgotische Moritzburg, benannt nach dem Schutzheiligen des Erzbistums St. Mauritius. Im Dreißigjährigen Krieg wurde sie teilweise zerstört und später von den Preußen militärisch genutzt. 1904 begann der Aufstieg zum renommierten Kunstmuseum, seit 2003 Stiftung Moritzburg – Kunstmuseum des Landes Sachsen-Anhalt.

1486 musste sich auch die Stadt Halberstadt als Zentrum des florierenden Hochstiftes Ernst beugen. Ähnlich spannungsgeladen war das Verhältnis zur Metropole seines Erzstiftes. Magdeburg, das sich de facto als reichsunmittelbare Stadt betrachtete, konnte jedoch eine Unterwerfung anders als Halle und Halberstadt vermeiden. Dies erklärt auch den ungewöhnlichen Umstand, dass Halle bis zur Säkularisierung des Erzstiftes Magdeburg die bevorzugte Residenz blieb.

Nach dem Tod Ernsts 1513 wurde auf Betreiben des Kurfürsten Joachim I. von Brandenburg dessen jüngerer Bruder Albrecht Erzbischof von Magdeburg und Bischof von Halberstadt sowie wenig später sogar noch Erzbischof von Mainz. Diese teuer erkaufte Ämterhäufung war es auch, die Albrecht von Brandenburg

Marienkirche und Roter Turm am Marktplatz prägen die „Stadt der fünf Türme“.

u.a. zur exzessiven Praxis des Ablasshandels durch den sächsischen Dominikanermönch Johann Tetzel veranlasste. So sollten der Bau des Petersdomes in Rom unterstützt und seine gewaltigen Schulden beim Bankhaus Fugger getilgt werden. Damit gab er Luther den Anlass für seine Wittenberger Thesen von 1517.

Auch nach dem Tod des schillernden Renaissancefürsten und Kulturmäzens Albrecht 1545 wurden die geistlichen Fürstentümer oft von Bischöfen bzw. Administratoren aus dem Hause der Hohenzollern beherrscht. Sie residierten nunmehr in der 1531 von Albrecht im Stil der Renaissance errichteten Neuen Residenz in Halle. Große Teile ihres Gebietes wurden von der Reformation erfasst. Schon die gegenreformatorischen Bemühungen Albrechts, etwa mit einer katholischen Reformuniversität in Halle, waren gescheitert. Er hatte 1541 gegen hohe Geldzahlungen seinen Untertanen freie Religionsausübung zugestehen müssen, verließ Halle und zog sich auf seine kurmainzischen Besitzungen zurück. Nach dem Westfälischen Frieden 1648 gelangte Halle mit dem säkularisierten Erzstift Magdeburg endgültig an Brandenburg-Preußen.

21 Der Renaissancefürst
Albrecht von Brandenburg und Halle

Albrecht von Brandenburg machte als Renaissancefürst Halle von 1513 bis 1541 zu einem Kulturzentrum von europäischem Rang. Der Erzbischof von Magdeburg gab zugleich mit seinem Ablasshandel den Anstoß für die Reformation Martin Luthers.

Der Kardinal – Albrecht von Brandenburg, Renaissancefürst und Mäzen" – so titelte 2006 eine der opulentesten Ausstellungen des Kunstmuseums Moritzburg in Halle. Mit über 200 hochkarätigen Kunstwerken aus Amsterdam, Berlin, London, München, St. Petersburg, Stockholm und Wien wurden alle Kunstgattungen präsentiert, die unter dem in Halle residierenden Erzbischof von Magdeburg von 1513 bis 1541 an der Saale eine Blüte erlebten: Neben den Resten des „Halleschen Heiltums", einer der größten Reliquiensammlungen, und Schätzen der Buchmalerei haben sich vor allem Gemälde aus dem riesigen Bilderzyklus erhalten, den Albrecht bei Lucas Cranach, Albrecht Dürer, Matthias Grünewald und Hans Baldung für den Halleschen Dom in Auftrag gab. Glanzstück der Ausstellung war die Präsentation des heute in Aschaffenburg beheimateten großen Magdalenenaltars.

Der großformatige Katalog vermittelt noch immer einen Eindruck jener überwältigenden Schau, die Albrecht von Brandenburg vor allem als kunstfreudigen Renaissancefürsten ins Licht rückte. Unter seiner Herrschaft stieg Halle in jenen bewegten Jahren, in denen die geistigen Erneuerungsbewegungen von Renaissance und Reformation ihren Höhepunkt erreichten, zu einem kulturellen Zentrum von europäischem Rang auf. An diese Glanzzeit erinnern auch historische Bauwerke und Kunstdenkmale. Neben der von seinem Vorgänger Ernst von Wettin errichteten Residenz Moritzburg gilt dies allen voran für den repräsentativen Komplex von Dom und Neuer Residenz. Die im seinerzeit hochmodernen Stil der Renaissance umgebaute Dominikanerkirche wurde 1523 als Stiftskirche des Magdeburger Erzbistums neu geweiht und kostbar ausgestattet. 1531 folgte die imposante Vierflügelanlage der Neuen Residenz, die mit zu den frühesten Renaissancebauwerken in Nordostdeutschland zählt.

Im kollektiven Gedächtnis der Deutschen ist Albrecht freilich in erster Linie als hoch verschuldeter Kirchenfürst in Erinnerung geblieben, der mit seiner exzessiven Praxis des Ablasshandels einen zentralen Anknüpfungspunkt für die Reformation Martin Luthers geliefert hat. Nach dem Tod Erzbischof Ernsts von Wettin, der die autonome Handelsstadt Halle 1478 wieder unter die Herrschaft des Krummstabes gezwungen hatte, war Albrecht 1513 auf Betreiben seines älteren Bruders, des Kurfürsten Joachim I. von Brandenburg, zum Erzbischof von Magdeburg und Bischof von Halberstadt sowie wenig später sogar noch zum Erzbischof von Mainz gekürt worden. Schließlich

Der Komplex von Dom und Neuer Residenz erinnert an das Wirken Kardinal Albrechts von Brandenburg.

stieg er 1518 zum Kardinal mit besten Verbindungen zum Papst in Rom auf. Diese teuer erkaufte Ämterhäufung, finanziert vom Augsburger Bankhaus Fugger, zwang Albrecht neben seinem aufwendigen kulturellen Mäzenatentum zum umstrittenen Ablasshandel.

In seinem Herrschaftsbereich, der nahe an die kursächsische Residenz Wittenberg mit ihrer jungen Universität heranreichte, schürte der Dominikanermönch Johann Tetzel mit theatralischen Auftritten die Ängste der Menschen vor der Hölle und versprach ihnen und ihren verstorbenen Angehörigen gegen Barzahlung Ablass von ihren Sünden: „Sobald das Geld im Kasten klingt, die Seele in den Himmel springt!“ Dies gab dem Augustinermönch und Universitäts-Professor Luther den entscheidenden Anstoß für seine Wittenberger Thesen von 1517, die er an Albrecht übersandte – freilich ohne einer Antwort gewürdigt zu werden. Albrechts Bemühungen, der sofort um sich greifenden Reformation in seinem Erzstift und insbesondere in seiner Lieblingsresidenz Halle Einhalt zu gebieten, waren nicht von Erfolg gekrönt. So blieb die in der Neuen Residenz angesiedelte katholische Reformuniversität Halle nahe dem Reformationszentrum Wittenberg nur eine Episode. 1541 musste Albrecht schließlich gegen hohe Geldzahlungen seinen Untertanen freie Religionsausübung zugestehen. Er verließ Halle und zog sich auf seine kurmainzischen Besitzungen zurück.

22 Wurzeln des Reformators
Mansfeld und Eisleben

Die biografischen Wurzeln Martin Luthers finden sich im Landkreis Mansfeld-Südharz. Während der Reformator in Mansfeld aufwuchs, zählen die Erinnerungsstätten in Eisleben, seinem Geburts- und Sterbeort, zum UNESCO-Weltkulturerbe.

Martin Luther gilt als eine der größten und zugleich umstrittensten Persönlichkeiten der Weltgeschichte. Der Wittenberger Mönch und Professor schob mit der Reformation 1517 eine der folgenreichsten geistigen Erneuerungsbewegungen an. Obwohl es ihm eigentlich um eine Reform der vom Papst in Rom beherrschten christlichen Kirche ging, entstand im Ergebnis seines Wirkens die evangelische Kirche in Abgrenzung zur altgläubigen katholischen Kirche. Heute leben rund um den Erdball 900 Millionen Protestanten. Für sie alle ist das „Lutherland" Sachsen-Anhalt ein zentraler historischer Erinnerungsraum. Während die Lutherstadt Wittenberg als Ursprungsort der Reformation gilt, finden sich die biografischen Wurzeln des Reformators im Landkreis Mansfeld-Südharz: in den Lutherstädten Mansfeld und Eisleben.

Sterbehaus Martin Luthers in Eisleben.

Seit 1946 führt Eisleben den offiziellen Namenszusatz Lutherstadt, ist es doch Geburts- und Sterbeort des Reformators. Hier kam Luther (nach nicht ganz sicherer Überlieferung) am 10. November 1483 als Sohn von Hans und Margarethe Luder zur Welt. Der Vater Hans Luder stammte aus dem südthüringischen Möhra und hatte kurz zuvor im Mansfelder Land eine beachtliche Karriere als Bergbauunternehmer gestartet. Die Stadt in der seinerzeit noch reichsunmittelbaren Grafschaft Mansfeld blieb allerdings nur knapp ein Jahr die Heimat des jungen Luthers, da die Familie bereits im Sommer 1484 ins nahe Mansfeld umzog. Luther besuchte seine Geburtsstadt später immer wieder, letztmals zur Schlichtung von Rechtsstreitigkeiten in der Familie der Grafen von Mansfeld. Hierbei schloss sich am 18. Februar 1546 sein Lebenskreis.

Zu den Erinnerungsorten zählen neben dem Geburts- und Sterbehaus die St.-Petri-Pauli-Kirche, in der Luther am 11. November 1483 getauft wurde, und die St.-Andreas-Kirche, in der er 1546 seine vier letzten Predigten hielt. An den Reformator erinnert auch das 1883 errichtete Lutherdenkmal auf dem Markt. In der Stadt am Südostrand des Harzes mit ihren 23.000 Einwohnern spielt die Erinnerungskultur heute eine zentrale Rolle. Das Geburts- und Sterbehaus Luthers zählen zusammen mit den Gedenkstätten in Wittenberg seit 1996 zum UNESCO-Weltkulturerbe. Das Geburtshaus wurde bereits 1693 zum Denkmal erklärt und gilt als eines der ältesten Museen der Welt. Das Sterbehaus ist seit 1726 Denkmal und wurde durch den preußischen Staat in eine Gedenkstätte umgewandelt. Heute präsentiert sich das Geburtshaus als modernes Museum mit der Ausstellung „Von daher bin ich – Martin Luther und Eisleben“. Im ebenfalls museal genutzten Sterbehaus findet sich eine Ausstellung, die sich mit Luthers letzter Reise und seinem Tod auseinandersetzt. Beide Einrichtungen stehen unter Obhut der Stiftung Luthergedenkstätten in Sachsen-Anhalt.

Die Stiftung betreibt auch die Gedenkstätte „Luthers Elternhaus“ in Mansfeld. Zum modernen Museum erweitert, kann man sich dort mit der Ausstellung „In bin ein Mansfeldisch Kind – Martin Luther und Mansfeld“ in Kindheit und Jugend des späteren Reformators hineinversetzen. Die heute knapp 9.000 Einwohner zählende Stadt am Fuße des auf einer bewaldeten Anhöhe thronenden Schlosses der Grafen von Mansfeld hat sich ebenfalls ganz der historischen Erinnerungskultur verschrieben und 1996 den Beinamen Lutherstadt gegeben. Im Stadtkern finden sich neben Luthers Elternhaus die St.-Georg-Kirche, in der Martin als Ministrant wirkte, die Lutherschule und der Lutherplatz mit dem 1913 eingeweihten Lutherbrunnen. Bis zu seinem Studienantritt an der Universität Erfurt 1501 lebte Luther in Mansfeld, so lange wie an keinem anderen Ort außer Wittenberg.

Denkmal für den jungen Luther in Mansfeld.

23 Wiege der Reformation
Martin Luther und Wittenberg

Die kursächsische Residenz Wittenberg wurde ab 1517 mit dem Wirken Martin Luthers zum geistigen Zentrum der Reformation. Unter dem Schutz der ernestinischen Wettiner konnte der Reformator seine weltgeschichtliche Wirkung entfalten.

Die Wettiner blieben auch nach der Leipziger Teilung von 1485 mit der Aufspaltung in die Familienzweige der Ernestiner und Albertiner eines der mächtigsten Herrscherhäuser des Reiches. Unter den Kurfürsten Friedrich dem Weisen, Johann dem Beständigen und Johann Friedrich dem Großmütigen wurde das ernestinische Sachsen zugleich zur Schutzmacht der Reformation. Martin Luther siedelte nach seinem Studium und Klostereintritt in Erfurt 1511 in die kursächsische Residenz Wittenberg über. Hier mündete sein theologisches Ringen in die Erkenntnis, dass der Mensch nur durch den Glauben an einen gnädigen Gott und nicht durch kirchliche Vermittlung Erlösung erlange – was den Bruch mit der Papstkirche letztlich unausweichlich machte. Nach dem später zum Auslöser der Reformation verklärten Anschlag der Thesen gegen den Ablasshandel an die Schlosskirche am 31. Oktober 1517 rückte Friedrich der Weise zum Schutzherrn Luthers auf, seit 1512 Professor an der jungen Universität Wittenberg.

Ohne Friedrichs Unterstützung hätte das reformatorische Gedankengut kaum seine weltgeschichtliche Wirkungskraft entfalten können. Immer stärker geriet der Reformator ins Fadenkreuz der altgläubigen Kräfte um Papst und Kaiser. Auf dem Reichstag zu Worms 1521, auf dem Luther vor Kaiser Karl V. seine Lehren nicht widerrief, wurde über ihn die Reichsacht verhängt. Es folgte die Scheinentführung auf die Wartburg, wo Luther als „Junker Jörg" getarnt 1521/22 das Neue Testament ins Deutsche übersetzte, dem 1534 die vollständige „Lutherbibel" folgte. Hiermit legte er eine weitere wesentliche Grundlage für die Ausbreitung seiner Vorstellungen. Zugleich wird der Bibelübersetzung eine wichtige Rolle bei der Durchsetzung einer neuhochdeutschen Sprache zugeschrieben.

Luther konnte als zentrale Symbolfigur unter dem Schutz der Ernestiner die Ausbreitung seiner Lehren unbehelligt betreiben und verfolgen. Wittenberg wurde so zum geistigen Zentrum der Reformation. Hieran erinnert insbesondere das Lutherhaus im ehemaligen Augustinerkloster. Die authentische Gedenkstätte, heute zugleich ein modernes Museum, beherbergt die größte reformationsgeschichtliche Sammlung der Welt. Das säkularisierte „schwarze Kloster" ging 1532 in den Besitz Luthers über, der hier mit seiner Frau Katharina von Bora ein gastfreies Haus hielt. In Wittenberg lebten zugleich viele seiner engsten Mitstreiter wie Philipp Melanchthon. Dieser fand mit Luther in der Schlosskirche seine letzte Ruhestätte

Lutherdenkmal auf dem Markt in Wittenberg.

und ist neben dem großen Reformator auf dem Doppeldenkmal am Markt von Johann Gottfried Schadow und Karl Friedrich Schinkel aus dem Jahre 1821 zu sehen. An ihn erinnert auch das Museum Melanchthonhaus. Von großer Bedeutung waren Hofmaler Lucas Cranach der Ältere und dessen Sohn, die der Reformation buchstäblich ein Gesicht gaben. All dies hat Wittenberg zum wichtigsten Erinnerungsort des weltweiten Protestantismus werden lassen.

Viele Herrscherhäuser hatten bis Mitte des 16. Jahrhunderts das neue Bekenntnis aufgegriffen. Dabei kam ihnen die von Luther autorisierte Erhebung zu faktischen Bischöfen und der Aufbau von Landeskirchen bei der Ausbildung neuzeitlicher Staatlichkeit sehr entgegen. Vom Augsburger Religionsfrieden 1555 wurde schließlich unter der Formel „Cuius regio, eius religio“ sanktioniert, dass der Landesherr die Religion seiner Untertanen bestimmen kann. Die Region gehörte fortan zum protestantischen Kulturraum Mittel- und Nordeuropas. Die Zeit des Nationalsozialismus, die DDR-Zeit sowie die jüngste Entwicklung führten jedoch zu einem dramatischen Schwund. Heute sind rund 80 Prozent der Bürger Sachsen-Anhalts konfessionslos, nur 16 Prozent bekennen sich noch zum christlichen Glauben. Knapp 13 Prozent sind Protestanten, vor allem in der Evangelischen Kirche in Mitteldeutschland und der Evangelischen Landeskirche Anhalts mit Sitz des Landesbischofs bzw. Kirchenpräsidenten in Magdeburg und Dessau-Roßlau.

24 Maler der Reformation
Die Cranachs und Wittenberg

Lucas Cranach der Ältere gab als Hofmaler in Wittenberg dem Reformator Martin Luther, dessen Weggefährten und fürstlichen Schirmherren ein Gesicht. Sein Sohn Lucas Cranach der Jüngere setzte die Cranach-Werkstatt erfolgreich fort.

Die Reformation wurde entscheidend von technologischen Neuerungen befördert. Allen voran der Buchdruck mit beweglichen Metalllettern nach Johannes Gutenberg half ab Mitte des 15. Jahrhunderts, die Ideen Luthers rasant in die Welt hinauszutragen. Kaum weniger wichtig war die Unterstützung von prominenten Künstlern. Mit Lucas Cranach dem Älteren stand einer der bedeutendsten Maler und Grafiker der Renaissance auf Luthers Seite. Der gebürtige Kronacher war von 1505 an für fast fünf Jahrzehnte Hofmaler unter den Kurfürsten Friedrich dem Weisen, Johann dem Beständigen und Johann Friedrich dem Großmütigen. Er stieg zugleich zum wohlhabenden Unternehmer und angesehenen Bürger in Wittenberg auf, der auch das Amt eines Bürgermeisters ausübte. Zunächst hatte Cranach die Malwerkstatt im Schloss übernommen, ehe er nach 1510 in eigene Gebäude am Markt und in der Schlossstraße umzog. Heute erinnert der malerische Renaissancekomplex der Cranach-Höfe und Cranach-Häuser mit Ausstellungen und historischer Druckerstube an das erfolgreiche Unternehmen. Die Cranach-Werkstatt mit ihren zahlreichen Gehilfen verließen geschätzte 5.000 Gemälde. Signiert waren sie mit dem von Kurfürst Friedrich dem Weisen verliehenen Wappen Cranachs, einer geflügelten und gekrönten Schlange. Darüber hinaus betrieb Cranach Druckerei, Verlag, Papierhandel, Weinausschank und Apotheke in Wittenberg.

Mit seinen zahlreichen Porträts gab Lucas Cranach dem Reformator, seinen Weggefährten und fürstlichen Schirmherren buchstäblich ein Gesicht. Den befreundeten Martin Luther, der nur wenige Gehminuten entfernt im heutigen Lutherhaus wohnte, malte er in den verschiedensten Positionen und Lebensaltern. Das Bild sowohl des jungen Mönches als auch des gestandenen Reformators und Familienvaters wird so im wahrsten Wortsinne von Cranach geprägt. Hinzu kamen zahlreiche Einblattdrucke und Flugschriften, über die die oft derb-polemische Auseinandersetzung zwischen Protestanten und Altgläubigen geführt wurde. Zugleich vermittelte Cranach anschaulich theologische Grundgedanken. Musterbeispiel hierfür ist der Reformationsaltar in der Wittenberger Stadtkirche St. Marien von 1547. Auf der Predella sieht man Luther als langjährigen Prediger in dieser Kirche, wie er die Gemeinde auf den gekreuzigten Jesus verweist. Hierin wird der zentrale Glaubenssatz versinnbildlicht, dass Erlösung allein aus dem Glauben an einen gnädigen Gott erlangt werden könne, der seinen Sohn für die Menschen geopfert habe. Die übrigen Tafeln zeigen das Letzte

Cranachdenkmal in den Cranach-Höfen in Wittenberg.

Abendmahl mit Martin Luther als einen der Jünger, Philipp Melanchthon bei der Taufe eines Kindes sowie den Theologen Johannes Bugenhagen, einen weiteren engen Mitstreiter und Freund Luthers.

Das Ende des ernestinischen Kurfürstentums Sachsen nach der Niederlage im Schmalkaldischen Krieg 1546/47 gegen Kaiser Karl V. und den albertinischen Wettiner Moritz aus Dresden war für die Ernestiner ein tiefer Einschnitt. Sie blieben fortan als sächsische Herzöge auf die wettinischen Gebiete in Thüringen beschränkt. Für den Hofmaler des unterlegenen Kurfürsten Johann Friedrich brachte dies ebenfalls eine schwierige Zeit. 1552 folgte er seinem aus kaiserlicher Haft entlassenen Landesherrn in dessen neue Residenz Weimar und verbrachte dort sein letztes Lebensjahr. In Wittenberg setzte derweil sein Sohn Lucas Cranach der Jüngere, der viele größere Projekte wie den Reformationsaltar gemeinsam mit dem Vater umgesetzt hatte, die Familientradition erfolgreich fort. Diese sollte bis zum Tod des Urenkels Lucas Cranach III. im Jahr 1645 reichen. Im Übrigen malten die Cranachs als private Unternehmer keineswegs allein für die Protestanten. Auch deren große Gegenspieler wie Kaiser Karl V. und Kardinal Albrecht von Brandenburg wurden von ihnen ins Bild gesetzt. Für Albrecht fertigte der ältere Cranach etwa den umfangreichen Altarzyklus für die neue Stiftskirche in dessen Residenz Halle, dem heutigen Halleschen Dom.

25 Luthers großer Gegenspieler
Thomas Müntzer

Der aus Stolberg stammende Thomas Müntzer gehörte ursprünglich zu den Mitstreitern Luthers und war als Prediger in Allstedt tätig. Seine radikale Theologie führte jedoch zum Bruch mit dem Reformator und mündete in den Bauernkrieg 1525.

Die von Martin Luther angefachte Aufbruchsstimmung der Reformation ging weit über dessen Ziele hinaus. Radikalere Kräfte forderten soziale Konsequenzen und fanden damit breiten Zulauf. Luthers Wittenberger Professoren-Kollege Andreas Bodenstein, genannt Karlstadt, versuchte, seine Vorstellungen in Orlamünde südlich von Jena als Pfarrer umzusetzen, worauf er auf Betreiben Luthers des Landes verwiesen wurde. Kein anderer aber steht so für den „linken“ Flügel der Reformation wie Thomas Müntzer. Der in Stolberg im Harz gebürtige Theologe gehörte vermutlich ab 1517 zum Umfeld der Wittenberger Reformatoren und war auf Empfehlung Luthers 1523/24 in Allstedt als Prediger tätig. In Stolberg erinnert heute ein Denkmal auf dem Markt an den Sohn der Stadt, in Allstedt die Johanniskirche sowie das Burg- und Schlossmuseum an den reformatorischen Prediger. Damit darf sich der Landkreis Mansfeld-Südharz nicht nur als Herkunftsgebiet des Reformators Martin Luther, sondern auch seines großen Widersachers Thomas Müntzer bezeichnen.

Denn allmählich entwickelte der volksnahe Geistliche eine von Luther abweichende Theologie, in der die persönliche Erfahrung des göttlichen Geistes im Mittelpunkt stand. Das Propagieren einer von weltlicher Herrschaft befreiten christlichen Gemeinschaft, getragen von mystisch-apokalyptischen Vorstellungen, brachte ihn in Konflikt mit der wettinisch-kursächsischen Obrigkeit. Müntzers „Fürstenpredigt“ im Allstedter Schloss am 13. Juli 1524 vor Herzog Johann dem Beständigen und Kurprinz Johann Friedrich sorgte für den Bruch. Die Herrscher sollten sich entweder seiner „Gemeinschaft Auserwählter“ anschließen oder aber das Volk werde sie entmachten. Diese revolutionäre Theologie widersprach Luthers „Zwei-Reiche-Lehre“, in der der weltlichen Obrigkeit unbedingter Gehorsam zusteht. Die beiden Reformatoren griffen sich nun gegenseitig als „Satan von Allstedt“ und „sanftlebendes Fleisch von Wittenberg“ unversöhnlich an.

Mit seiner radikalen Theologie fand Müntzer großen Anklang beim „gemeinen Mann“. 1524 ließ er sich in der Reichsstadt Mühlhausen nieder, wo ein „Ewiger Rat“ die Patrizier entmachtete. Als sich im Frühjahr 1525 in weiten Teilen Thüringens Bauernhaufen gegen Adel und Klerus erhoben, stellte sich Müntzer an deren Spitze. Am 15. Mai 1525 unterlagen die Bauern in der Entscheidungsschlacht bei Frankenhausen gegen die militärisch überlegenen Truppen Landgraf Philipps von Hessen und

Schloss Allstedt.

Herzog Georgs von Sachsen. Bis zu 6.000 Bauern sollen bei dem blutigen Gemetzel den Tod gefunden haben. Müntzer wurde gefangen genommen und in der Wasserburg Heldrungen seines erbitterten altgläubigen Widersachers Graf Ernst von Mansfeld unter der Folter verhört. Schließlich richtete man ihn vor den Toren Mühlhausens hin.

Der erbarmungslos niedergeschlagene Bauernkrieg hatte neben Thüringen auch Teile des südlichen Sachsen-Anhalts erfasst. Er wurde mitgetragen von unzufriedenen Schichten in den Städten; im Harz und Mansfeldischen waren Bergknappen am Aufstand beteiligt. Die Region wurde so zu einem Hauptschauplatz jener vielschichtigen sozial- und geistesgeschichtlichen Prozesse am Beginn der Neuzeit, für die die DDR-Geschichtsschreibung unter Verbindung von Reformation und Bauernkrieg den Begriff der Frühbürgerlichen Revolution geprägt hat. Eindrucksvoll ins Bild gesetzt wurde dieser noch 1989 mit dem gewaltigen vielschichtigen Wandbild von Werner Tübke im Panorama-Museum Bad Frankenhausen, das seinerzeit zum Kreis Artern im Bezirk Halle gehörte und 1990 zu Thüringen gelangte. Bauernkriegsführer Thomas Müntzer wurde in der DDR als der große vorsozialistische Revolutionär verehrt, während „Fürstenknecht" und „Bauernschlächter" Martin Luther erst in den 1980er-Jahren wieder stärkere Beachtung fand.

26 Kloster – Fürstenschule – Gymnasium
Die Landeschule Pforta

Die renommierte Landesschule Pforta bei Naumburg hat große Geister wie Klopstock, Fichte und Nietzsche hervorgebracht. Sie geht zurück auf ein Zisterzienserkloster, das 1543 von Kurfürst Moritz in eine Fürstenschule umgewandelt worden war.

Friedrich Gottlieb Klopstock, Johann Gottlieb Fichte und Friedrich Nietzsche gehören zu den großen Namen der deutschen Geistesgeschichte. Die drei Dichter und Philosophen haben ihre Ausbildung an der sächsischen Fürstenschule Pforta nahe Naumburg an der Saale gemeinsam. Diese bis heute hoch angesehene Bildungseinrichtung geht wie so manch andere auf ein in der Reforma-

tionszeit aufgehobenes Kloster zurück. 1137 hatte Bischof Udo I. von Naumburg ein Zisterzienserkloster von Schmölln an die Saale verlegt. Es erhielt den Namen „Kloster an der Pforte" oder „Marien-Pforte". Die rege Kultivierung der Landschaft durch die Mönche und zahlreiche Schenkungen machten Pforta zu einem der reichsten Klöster Mitteldeutschlands. 1150 wurde die romanische Klosterkirche errichtet und von 1251 bis 1320 gotisch umgeformt. Sie erinnert noch immer zusammen mit weiteren beeindruckenden Zeugen zisterziensischer Baukunst an die Klosterzeit.

Im Zuge der Reformation wurde das Kloster aufgelöst. Der spätere Kurfürst Moritz wandelte es 1543 zu einer der drei Fürstenschulen Sachsens neben St. Afra in Meißen und St. Augustin in Grimma um. Jene renommierten Einrichtungen gelten als die ältesten staatlichen Schulen Deutschlands und verankerten den Protestantismus im Bildungswesen. Sie dienten der voruniversitären Ausbildung vor allem von Beamten und Theologen, die dann meist in Wittenberg und Leipzig studierten. Über Freistellen sollte auch ärmeren Landeskindern mit hoher Begabung eine Ausbildung ermöglicht werden. Über die Jahrhunderte hinweg gingen aus dieser Einrichtung weit über Klopstock, Fichte und Nietzsche hinaus viele bedeutende Vertreter der deutschen Kulturnation hervor. Von der Gründung 1543 bis zum 475. Jubiläumsjahr 2018 absolvierten mehr als 21.000 Schüler die Internatsschule, die auch in jüngster Zeit etwa bei Bundeswettbewerben in den Naturwissenschaften und Sprachen weit vorne lagen.

Die einstige kursächsische Fürstenschule hat dabei mehrere Wandlungen durchlebt, die auch die jüngere Geschichte Sachsen-Anhalts spiegeln. Durch die großen Gebietsverluste des Königreiches Sachsen auf dem Wiener Kongress 1815 gelangte Schulpforta an Preußen. In diese Zeit gehen bedeutende Neubauten wie das Torhaus (1850) von Friedrich August Stüler zurück. Die Nationalsozialisten wandelten die Schule 1935 in eine Nationalpolitische Erziehungsanstalt (NAPOLA) um, die die Jugend als Eliteeinrichtung im Geiste des Nationalsozialismus formen sollte. In der DDR-Zeit wurde Schulpforta als Erweiterte Oberschule (EOS) mit Internat fortgeführt.

Nach der Wiedervereinigung Deutschlands 1990 ging das Internatsgymnasium als Landesschule Pforta in die Trägerschaft des Bundeslandes Sachsen-Anhalt. Die rund 50 Lehrkräfte und 300 Schüler pflegen viele der alten Traditionen ebenso wie der „Pförtner Bund" ehemaliger Schüler und Förderer. Der Gutshof und Teile des ehemaligen Grundbesitzes gingen an die 1992 wiedergegründete Stiftung Schulpforta. Diese bemüht sich neben der Förderung der Schule selbst seit den 2000er-Jahren auch um die touristische Erschließung der malerisch im Saaletal an einen bewaldeten Hügel angelehnten Anlage. Neben zahlreichen sanierten Gebäuden lädt seit 2014 ein neues Besucherzentrum zum Entdecken Schulpfortas ein. Im parkartigen Umfeld gibt es so manche Spur einstiger „Pförtner" zu entdecken, wie die Klopstockquelle.

◂ Landesschule Pforta mit Klosterkirche.

27 Magdeburger Hochzeit
Glanz und Elend der Handelsmetropole

Die Zerstörung Magdeburgs 1631 ging als schrecklichstes Gemetzel des Dreißigjährigen Krieges in die Geschichte ein. Die wohlhabende Handelsstadt wurde weit zurückgeworfen und erlangte erst im 19. Jahrhundert wieder eine regionale Führungsstellung.

In den geistlichen Herrschaften wie dem Erzstift Magdeburg konnten sich einige aufstrebende Städte ein hohes Maß an Unabhängigkeit erwerben. Neben Halle erlangte auch Magdeburg im 13. Jahrhundert von seinem Stadtherrn weitgehende Autonomie, die bis ins 17. Jahrhundert selbst in kriegerischen Auseinandersetzungen behauptet wurde. Deshalb verlegte der Erzbischof auch zu Beginn des 16. Jahrhunderts seine Residenz nach Halle. Grundlage für die faktische Selbstständigkeit war die wirtschaftliche Prosperität der Stadt. Magdeburg hatte sich zu einem bedeutenden Handelszentrum entwickelt, es war Knotenpunkt wichtiger Fernhandelsstraßen und der Elbeschifffahrt. Seit Ende des 13. Jahrhunderts war es Mitglied der Hanse. Dank des Magdeburger Stapelrechts monopolisierte man hier besonders den Getreidehandel im fruchtbaren Mittelelberaum, weshalb die Stadt auch „Brothaus der Hanse" genannt wurde. Magdeburg gehörte mit bis zu 30.000 Einwohnern zu den größten Städten des Reiches, umgeben von mächtigen Befestigungsanlagen. Als ein Symbol jener Blütezeit gilt der „Magdeburger Reiter" vor dem Rathaus, der vermutlich Kaiser Otto I. zeigt. Nach der Reformation wurde Magdeburg eine Hochburg des Protestantismus, die man als „Unseres Herrgotts Kanzlei" bezeichnete.

Ein schwerer Rückschlag für die Entwicklung der Stadt war jedoch die Zerstörung im Dreißigjährigen Krieg durch die kaiserlichen Truppen von Feldherr Johann T'Serclaes von Tilly am 10. Mai 1631. Bei jener „Magdeburger Hochzeit", die als das schlimmste Gemetzel des Krieges in die Geschichte einging, sollen bis zu 20.000 der 35.000 Bürger der Stadt ums Leben gekommen sein. Nach wochenlanger Belagerung und schwerem Beschuss drangen die Truppen Tillys in die Stadt ein. Nach der Überwindung des militärischen Widerstandes wurden von den größtenteils angeworbenen Landsknechten über mehrere Tage die Häuser ausgeraubt, Frauen vergewaltigt, Einwohner wahllos totgeschlagen. Ein Brand zerstörte große Teile der Stadt. Der Begriff „Magdeburger Hochzeit" geht auf die zynische Vorstellung zurück, mit der blutigen Eroberung habe sich der Kaiser mit der widerstrebenden Jungfrau Magdeburg vermählt, die bis heute das Stadtwappen zeigt. Die Unterwerfung war für die kaiserlich-katholische Seite von großer Bedeutung, da die wohlhabende Handelsstadt ein wichtiger strategischer Faktor der protestantischen Seite war und zugleich hohe symbolische Strahlkraft besaß.

Seine bisherige Position sollte Magdeburg nach der Katastrophe von 1631

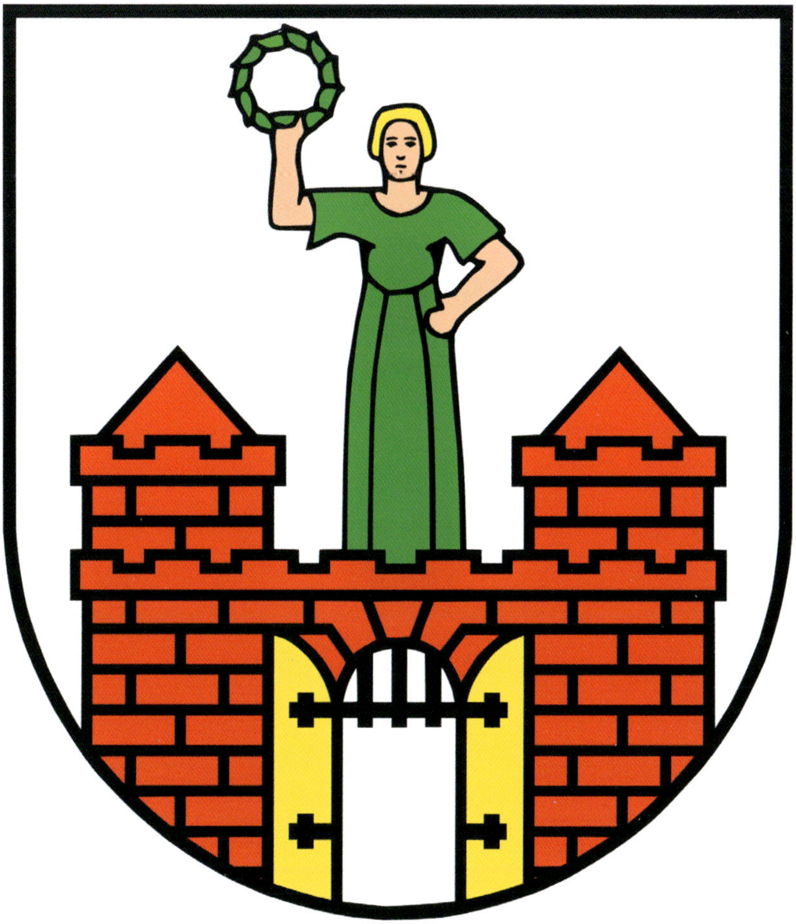

Stadtwappen von Magdeburg mit der „Magdeburger Jungfrau“.

nicht wiedererlangen. Hierzu trug auch der parallele Aufstieg Leipzigs zur beherrschenden Handels- und Messestadt Mitteldeutschlands bei. Kaiserliche Messeprivilegien hatten an der Schwelle zur Neuzeit um 1500 hierzu den Grundstein gelegt und damit Magdeburg ausgebremst. Auch die Hoffnungen auf den Status einer Freien Reichsstadt wurden bei den Verhandlungen zum Westfälischen Frieden 1648 enttäuscht. Bemüht hatte sich hierum besonders der berühmte Naturwissenschaftler und Erfinder Otto von Guericke, Magdeburger Bürgermeister und Chefdiplomat. Der Friedensvertrag schrieb das gesamte einstige Erzstift als Herzogtum Magdeburg dem Kurfürstentum Brandenburg zu.

Zwar blieb noch bis zu dessen Tod 1680 Herzog August von Sachsen-Weißenfels formell Administrator von Magdeburg, doch schon 1666 zwang der „Große Kurfürst“ Friedrich Wilhelm die Magdeburger zum Verzicht auf alle Reichsstadt-Ambitionen und zur Aufnahme einer Garnison. Nach dem endgültigen Aufgehen im brandenburgisch-preußischen Staat wurde Magdeburg vor allem als Festung und Militärstandort ausgebaut. Im 19. Jahrhundert stieg die Hauptstadt der neuen preußischen Provinz Sachsen (1815) zur modernen Industriegroßstadt auf, was ihr erneut eine beherrschende Stellung in der Region eintrug. Seit 1990 schlägt sich dies auch im Status als Landeshauptstadt nieder.

28 Magdeburger Halbkugeln
Otto von Guericke und Magdeburg

Bekannteste Persönlichkeit der „Ottostadt" Magdeburg ist neben Kaiser Otto dem Großen der Bürgermeister und Naturwissenschaftler Otto von Guericke. Nach dem Erforscher des Luftdrucks ist heute die Universität Magdeburg benannt.

Otto von Guericke wurde 1602 als Sohn eines angesehenen Ratskämmerers und späteren Schultheißen und einer vermögenden Braunschweiger Patriziertochter in Magdeburg geboren. Er wuchs so in die bestimmende bürgerliche Führungsschicht der wohlhabenden Handelsstadt hinein und erlangte selbst hohe Ehrenämter. Nach ausführlichem Studium der Juristerei und Festungsbaukunst in Leipzig, Helmstedt, Jena und Leiden erweiterte Guericke auf einer Bildungsreise durch England und Frankreich seinen Horizont. 1625 zurück in Magdeburg gründete er eine wohlsituierte Familie und stieg in den kommunalen Hierarchien vom Stadtrat bis zum Bürgermeister auf.

Bei der Zerstörung durch den kaiserlichen Feldherrn Johann T'Serclaes von Tilly durch die „Magdeburger Hochzeit" 1631 konnte der Festungsverantwortliche und Schutzherr freilich den schwersten Rückschlag seiner Heimatstadt nicht verhindern. Seinem persönlichen Aufstieg tat dies jedoch keinen Abbruch. Am Ende des Dreißigjährigen Krieges rang er in Münster und Osnabrück als Magdeburgs Chefdiplomat mit schwedischer Unterstützung um die Erlangung der Reichsfreiheit. Den Anspruch einer freien Reichsstadt führte Guericke u.a. auf die herausragende Stellung in der Zeit Kaiser Ottos des Großen zurück, obgleich die Stadt tatsächlich seit dem 12. Jahrhundert dem Erzbischof von Magdeburg als Landesherrn unterstand. Jene letztlich erfolglosen Bemühungen reichten über den Westfälischen Frieden 1648 hinaus bis zur Unterwerfung durch Brandenburg-Preußen, an das das einstige Erzstift 1680 endgültig fiel. Seine letzte Ruhestätte fand der 1666 geadelte Diplomat Otto Gericke, der sich fortan von Guericke nannte, 1686 in der Johanniskirche.

Weit über Magdeburg hinaus in Erinnerung geblieben ist Otto von Guericke freilich durch seine spektakulären physikalischen Experimente, die unter den Zeitgenossen großes Aufsehen erregten. Seine wissenschaftliche Hauptleistung ist die Erforschung des Luftdrucks und dessen erstaunlichen Wirkungen. Guericke gilt als Begründer der Vakuumtechnik, erfand 1649 die Kolbenvakuumluftpumpe und 1650 die Luftwaage. Durch den großangelegten Versuch mit den „Magdeburger Halbkugeln" 1657 ging er endgültig in die internationale Wissenschaftsgeschichte ein. Guericke fügte zwei große kupferne Halbkugelschalen so aneinander, dass sie eine Kugel bildeten. Zwischen den Kugelschalen diente ein wachs- und terpentingetränkter Lederstreifen als Dichtung. Dem so entstandenen Hohlraum entzog er mit seiner

Das Denkmal für Otto von Guericke in Magdeburg.

Kolbenluftpumpe über ein Ventil die Luft. Der von außen wirkende Luftdruck drückte die Halbkugeln nun fest zusammen. Selbst 16 Pferde, an jeder Kugel ein Gespann mit acht Pferden, konnten diese nicht mehr auseinanderziehen. Das gelang erst, als durch das Ventil wieder Luft in die Kugel gepumpt wurde.

Heute führt die Landeshauptstadt Magdeburg stolz den Beinamen „Ottostadt“, der sich sowohl auf Kaiser Otto den Großen als auch auf Otto von Guericke bezieht. Zahlreiche Ehrungen bis hin zum Denkmal von 1907 am Rathaus wurden ihm zuteil. An die Magdeburger Halbkugeln erinnert seit Guerickes 400. Geburtstag 2002 am Ratswaageplatz eine Großplastik; die Otto-von-Guericke-Gesellschaft führt regelmäßig öffentliche Halbkugel-Experimente vor. 1993 ging aus dem Zusammenschluss der traditionsreichen Technischen Universität mit der Medizinischen Akademie und Pädagogischen Hochschule die Otto-von-Guericke-Universität Magdeburg hervor. Das Logo der aufstrebenden Universität mit ihrem modernen Campus in der nördlichen Innenstadt, mit ihren neun Fakultäten und rund 14.000 Studenten zieren der Namenszug und das Konterfei Guerickes, dessen Andenken so nachhaltig gewürdigt wird.

29 Löwe aus Mitternacht
König Gustav II. Adolf und Lützen

Schwedenkönig Gustav II. Adolf galt als „Retter des Protestantismus" im Dreißigjährigen Krieg. An seinen Tod in der Schlacht bei Lützen 1632 erinnert die Gustav-Adolf-Gedenkstätte als wichtiger historischer Gedächtnisort.

Schwedenkönig Gustav II. Adolf galt als „Retter des Protestantismus" im Dreißigjährigen Krieg. Seit seinem Eingreifen, mit dem der Schwede durchaus auch machtpolitische Ziele verfolgte, neigte sich die Waage zugunsten der Anhänger Martin Luthers. Ab Sommer 1630 zog das auf der Insel Usedom angelandete schwedische Heer mit seinem König an der Spitze in Norddeutschland von Sieg zu Sieg gegen die katholischen Kaiserlichen. Freilich konnte der bewunderte und gefürchtete „Löwe aus Mitternacht" den Untergang der verbündeten Stadt Magdeburg nicht verhindern. Während er im April 1631 Frankfurt an der Oder von den Kaiserlichen eroberte, nahm sein Gegenspieler Johann T'Serclaes von Tilly die Elbestadt ein, wobei diese weitgehend zerstört wurde und 20.000 Bürger ums Leben kamen. Die blutige „Magdeburger Hochzeit" war ein Schock, der die zunächst zurückhaltenden protestantischen Fürsten an den schwedischen König band.

Getragen von einem Bündnis u.a. mit den Kurfürsten von Brandenburg und Sachsen und dem Landgrafen von Hessen-Kassel startete er eine erneute große Offensive. Gustav Adolf schlug zunächst im September 1631 Tilly in der Schlacht bei Breitenfeld nahe Leipzig vernichtend. Sich nach Süden wendend, eroberte er wenig später die Festung Würzburg und besetzte große Teile Frankens. Ende des Jahres fand der Siegeszug in Mainz sein vorläufiges Ende. Der katholische Kurfürst Maximilian von Bayern musste sich nach dem Sieg Gustav Adolfs über den hierbei tödlich verwundeten Tilly bei Rain am Lech im April 1632 ebenfalls dem Schwedenkönig beugen. Allerdings konnten die Kaiserlichen unter dem wieder an die Spitze tretenden Feldherrn Albrecht von Wallenstein das erschöpfte schwedische Heer bis zum Herbst aus Bayern zurückdrängen. Nunmehr spitzte sich die Situation auf eine Entscheidungsschlacht im mitteldeutschen Raum zu. Diese sollte schließlich am 16. November 1632 in Lützen im heutigen Sachsen-Anhalt südwestlich von Leipzig stattfinden.

Wallenstein hatte sich nach Norden Richtung Leipzig bewegt, worauf ihm Gustav Adolf in Gewaltmärschen folgte und angriff. Die schwedischen Truppen rückten anfangs gegen den zähen Widerstand der Kaiserlichen erfolgreich vor. Jedoch wurde König Gustav II. Adolf, der als Heerführer mit aufs Schlachtfeld zog, bei einem Reiterangriff getötet. Dem Feldherrn Bernhard von Weimar gelang es danach, die erbitterten schwedischen Soldaten erneut zum Angriff zu führen und die Schlacht zu gewinnen. Trotz der großen Bestürzung über den Tod

Büste von König Gustav II. Adolf im Museum der Gedenkstätte Lützen.

des Königs im protestantischen Lager wurde der Krieg von den Schweden unter Kanzler Axel Oxenstierna ungebrochen weitergeführt. Der Leichnam Gustav Adolfs wurde feierlich nach Stockholm zurückgeführt und in der königlichen Begräbniskirche Riddarholmskyrkan beigesetzt.

Zugleich entwickelte sich das Lützener Schlachtfeld mit dem mutmaßlichen Ort des tödlichen Angriffs zu einem bedeutenden Erinnerungsort für Protestanten besonders in Deutschland und Schweden. Ein bald nach der Schlacht aufgestellter Gedenkstein mit der Aufschrift „GA 1632“ erhielt 1837 einen eisernen Baldachin nach Entwürfen von Karl Friedrich Schinkel. 1907 folgte vor allem dank einer schwedischen Stiftung die Gedächtniskapelle im nordischen Stil, an deren Seite 1932 und 1982 zwei typische Blockhäuser aus der mittelschwedischen Provinz Dalarna traten. Heute präsentiert sich die Gustav-Adolf-Gedenkstätte Lützen in einer großzügigen Parkanlage mit Museum und modernen Informationsmitteln, natürlich auch in schwedischer Sprache. Der Schlacht widmet sich ebenfalls das Museum im Schloss Lützen im Zentrum des Städtchens mit seinen 8.500 Einwohnern. Hinzu kommt eine Nietzsche-Gedenkstätte im Ortsteil Röcken, wo der Philosoph Friedrich Nietzsche 1844 als Pfarrerssohn geboren wurde.

30 Im Zeichen der Aufklärung
Die Universität Halle

Die 1694 gegründete Universität Halle gehörte zu den Zentren protestantisch-aufklärerischen Geistes, verbunden mit Namen wie Christian Thomasius, Christian Wolff und August Hermann Francke. 1817 wurde sie zur Universität Halle-Wittenberg.

Für die Stadt Halle brachte der Verlust der Funktion als Residenzstadt des Erzstiftes Magdeburg, die unter Albrecht von Brandenburg einen glanzvollen Höhepunkt gefunden hatte, zunächst ein Nachlassen ihrer kulturellen Strahlkraft. Mit dem Westfälischen Frieden von 1648 ging das einstige Erzstift an den Kurfürsten von Brandenburg, der es nach einer Übergangszeit unter Administrator August von Sachsen-Weißenfels 1680 seinem Staat eingliederte. Die Kurfürsten, ab 1701 preußische Könige, versuchten, den vom Dreißigjährigen Krieg gebeutelten Gebieten wieder auf die Beine zu helfen. Hierzu diente u.a. die Ansiedlung von Hugenotten, protestantischen Glaubensflüchtlingen aus Frankreich, die in vielen Fällen eine wirtschaftlich-kulturelle Bereicherung waren.

Die wohl nachhaltigste Maßnahme geht auf das Jahr 1694 zurück. Kurfürst Friedrich III. von Brandenburg, der wenig später zum ersten König in Preußen aufsteigen sollte, ließ die Friedrichs-Universität Halle gründen. Die Alma Mater wurde rasch zu einem Zentrum protestantisch-aufklärerischen Geistes in Brandenburg-

Universitätsplatz in Halle.

Preußen. Bedeutende Wissenschaftler wie Christian Thomasius und Christian Wolff gingen wegweisende Reformen an. Thomasius kämpfte als Jurist für einen humaneren Strafvollzug, insbesondere bei den von ihm abgelehnten Hexenverfolgungen und hielt als einer der Ersten seine Vorlesungen auf Deutsch und nicht in der traditionellen Gelehrtensprache Latein. Der Kurfürstliche Rat hatte mit zu den Initiatoren der Universität gehört, die zunächst in der (im Zweiten Weltkrieg zerstörten) Ratswaage am Markt untergebracht war. Seine letzte Ruhestätte fand er 1728 auf dem Stadtgottesacker, einem Meisterwerk der deutschen Renaissance. Der Pietist August Hermann Francke, 1698 Begründer der Franckeschen Stiftungen, war ebenfalls Professor an der Universität.

Die Bildung der preußischen Provinz Sachsen 1815 brachte auch im kulturellen Bereich neue Strukturen mit sich. In jenem neuen heterogenen Verwaltungsgebilde befanden sich neben Halle zwei traditionsreiche Universitäten, die als

Wirkungsstätten Martin Luthers Weltgeschichte mitgeschrieben hatten: Erfurt und Wittenberg. Während die praktisch erloschene Universität Erfurt 1816 geschlossen wurde, baute der preußische Staat Halle zur modernen Hochschule für die Provinz aus. 1817 entstand durch den Zusammenschluss mit der Wittenberger Leucorea die Vereinigte Friedrichs-Universität Halle-Wittenberg. An diese historischen Wurzeln erinnert das Doppelsiegel der Universität, das die Kurfürsten Friedrich III. von Brandenburg und Friedrich den Weisen von Sachsen zeigt. 1933 erfolgte die Umbenennung in Martin-Luther-Universität Halle-Wittenberg.

Heute präsentiert sich die größte Hochschule Sachsen-Anhalts als Volluniversität mit mehr als 20.000 Studenten. Für die aufstrebende preußische Hochschule steht der Campus aus dem 19. Jahrhundert um den Löwenbau (1834) am Universitätsplatz. Diesem treten mittlerweile ausgedehnte Komplexe am Stadtrand wie das Universitätsklinikum und der Campus an der Dölauer Heide sowie der neue Steintor-Campus mit der Universitäts- und Landesbibliothek an die Seite. Stolz sein darf man jenseits der großen Namen des Aufklärungszeitalters wie Thomasius, Wolff und Francke auf viele bedeutende Wissenschaftler der MLU, wie die Nobelpreis-Träger Emil von Behring (Medizin 1901), Gustav Hertz (Physik 1925) und Karl Ziegler (Chemie 1963). Ohne seine Universität wäre Halle heute sicher auch nicht Sitz der Leopoldina, der Nationalen Akademie der Wissenschaften. 1652 als naturwissenschaftliche Akademie gegründet, erhielt sie 2008 den Status einer Nationalakademie und ist im einstigen klassizistischen Logenhaus der Freimaurerloge „Zu den drei Degen“ untergebracht.

31 Im Zeichen des Pietismus
Die Franckeschen Stiftungen in Halle

Der Theologe August Hermann Francke, Pfarrer und Universitäts-Professor, begründete 1698 die Franckeschen Stiftungen in Halle. Ausgehend von einem Waisenhaus entwickelten sich diese zu einem einzigartigen Bildungskosmos.

Mit der Gründung der kurbrandenburgischen Friedrichs-Universität Halle 1694 rückte die ehemalige Residenz der Erzbischöfe von Magdeburg zu einem Zentrum der Aufklärung auf, verbunden mit Namen wie Christian Thomasius und Christian Wolff. Zugleich wurde die Saalestadt ein Brennpunkt des Pietismus. Jene protestantische geistig-theologische Strömung zielte auf ein verinnerlichtes und praktisches Christentum ab. Bedeutendstes Denkmal für jenen weit über die Region hinaus ausstrahlenden Halleschen Pietismus sind die 1698 gegründeten Franckeschen Stiftungen. Der Theologe August Hermann Francke hatte vor den Toren der Stadt ein Waisenhaus eingerichtet, aus dem sich im Laufe der Zeit eine ganze Stadt mit sozialen und pädagogischen Einrichtungen entwickelte.

August Hermann Francke wurde 1663 als Sohn eines Juristen und einer Bürgermeister-Tochter in Lübeck geboren. Von 1679 bis 1685 studierte er an den Universitäten Erfurt, Kiel, Leipzig und Wittenberg. 1687 wandte sich der engagierte und redegewandte Theologe nach einer tiefen Glaubenskrise dem Pietismus zu. Francke ließ sich hiervon auch nicht durch Rückschläge in seiner Karriere abbringen, die durch das Misstrauen der lutherischen Theologie gegenüber der neuen Glaubensrichtung verursacht wurden. 1691 fand er als Pfarrer an der Georgenkirche in Glaucha, einem südlichen Vorort von Halle, der 1817 eingemeindet wurde, eine dauerhafte Anstellung. Die Theologische Fakultät der noch in Gründung befindlichen Friedrichs-Universität wurde zugleich seine geistige Heimat. Hier lehrte er als Professor für Griechisch und Orientalische Sprachen, später auch für Theologie. Von 1715 bis zu seinem Tod 1727 wirkte Francke als Pfarrer der Ulrichskirche.

Der tief gläubige Pietist ließ es aber nicht bei seiner Tätigkeit als Pfarrer und Universitäts-Professor bewenden. Auf Grundlage einer großzügigen Spende zu Ostern 1695 öffnete Francke eine Armenschule in Glaucha. Deren guter Ruf führte wenig später zur Gründung des Pädagogiums für Kinder wohlhabender Eltern. Von 1698 bis 1701 konnte dank weiterer Spenden und kurfürstlicher Privilegien der für damalige Verhältnisse gewaltige Bau des Waisenhauses errichtet werden, um den herum sich in den folgenden Jahrhunderten ein ausgedehnter Campus mit pädagogischen und sozialen Einrichtungen entwickelte. Die Franckeschen Stiftungen erlangten einen internationalen Ruf als lebendige Umsetzung der Gedanken des Pietismus. Sie zogen Geistliche und Schüler aus ganz Europa, aus Asien und Nordamerika an. Bis in die

Das Hauptgebäude (Waisenhaus) der Franckeschen Stiftungen in Halle.

DDR-Zeit konnten die christlich geprägten Stiftungen ihre weitgehende Selbstständigkeit bewahren.

Dass der aus dem Waisenhaus hervorgegangene große Komplex jenseits der Stadtmauern südlich der heutigen Altstadt errichtet wurde, macht ein umstrittenes Bauwerk aus den 1970er-Jahren sehr deutlich. Eine eigens für die Erschließung der „Chemiearbeiterstadt" Halle-Neustadt errichtete vierspurige Hochstraße im Verlauf der Bundesstraße 80 zerschneidet den städtebaulichen Übergang von den Franckeschen Stiftungen in die Innenstadt, wobei die Waisenhaus-Mauer abgerissen und die Waisenhaus-Apotheke vom Gelände getrennt wurden. Stört die Hochstraße unmittelbar vor dem Hauptgebäude dessen historische Ausstrahlung, so entstanden auf den ehemaligen Plantagen im Osten zudem wuchtige Plattenbau-Wohnhäuser. Trotz dieser Beeinträchtigungen durch den DDR-Städtebau präsentieren sich die weitgehend sanierten Franckeschen Stiftungen heute wieder als moderner Bildungskosmos. Die Stiftung öffentlichen Rechts sieht sich neben ihren soziopädagogischen Aufgaben dem Erhalt des einzigartigen baulichen Denkmals im Geiste August Hermann Franckes verpflichtet. Hierzu dienen auch ein modernes Informationszentrum in Franckes einstigem Wohnhaus und anschauliche Ausstellungen im Waisenhaus.

32 Barockmusik von Welt
Georg Friedrich Händel und Halle

Georg Friedrich Händel gilt neben Johann Sebastian Bach als bedeutendster deutscher Barockmusiker, der zugleich in Großbritannien hoch verehrt wird. In seiner Vaterstadt Halle erinnern hieran Händel-Denkmal, Händel-Haus und Händel-Festspiele.

Der weltweit wohl bekannteste Sohn der facettenreichen Kulturstadt Halle ist Georg Friedrich Händel. Der neben Johann Sebastian Bach bedeutendste deutsche Barockmusiker wurde 1685 an der Saale geboren. Auf Wunsch von Vater Georg Händel, einem Mediziner, begann er 1702 ein Jurastudium an der gerade gegründeten Friedrichs-Universität Halle. Er hörte dort u.a. Vorlesungen bei Christian Thomasius, dem großen Gelehrten der Aufklärung. Herzog Johann Adolf von Sachsen-Weißenfels soll Händels Vater, der das musikalische Interesse seines Sohnes zunächst ablehnte, bei einem Besuch in Weißenfels vom Talent des Siebenjährigen überzeugt haben, der fortan auch eine musikalische Ausbildung erhielt. Kurfürst Friedrich III. von Brandenburg, Landesherr der Stadt Halle, bot dem Vater Händels sogar die Finanzierung einer Musikerausbildung in Italien und eine spätere Anstellung am Berliner Hof an, was dieser allerdings ablehnte. Rasch machte Händel als Kind und Jugendlicher musikalisch auf sich aufmerksam. 1701 äußerte sich Georg Philipp Telemann anlässlich einer Durchreise durch Halle sehr anerkennend über Händel, mit dem ihn zeitlebens ein enger Austausch verband. 1702 bekam Händel die Stellung des Organisten am Dom zu Halle übertragen. Nach eigener Aussage waren die Jahre in seiner Heimatstadt bereits von einer sehr produktiven Kompositionstätigkeit erfüllt.

1703 verließ Georg Friedrich Händel seine Vaterstadt und startete eine erfolgreiche Karriere als Berufsmusiker, ohne den Kontakt nach Halle gänzlich abreißen zu lassen. Erste Stationen in Hamburg und Italien mehrten seinen Ruf bereits so weit, dass er aus lukrativen Angeboten wählen konnte. 1710 wurde Händel Kapellmeister am Hof des Kurfürsten Georg Ludwig von Hannover. Noch im gleichen Jahr zog es ihn mit einem ausgedehnten Urlaub erstmals nach London, wo er fortan regelmäßig vor allem als Opern-Komponist tätig war. Endgültig zu seinem Lebensmittelpunkt wurde die Metropole an der Themse, als sein Hannoverscher Landesherr 1714 als Georg I. zum König von Großbritannien und Irland gekrönt wurde. Als Auftragswerke für den britischen Hof entstanden Meisterwerke wie die „Wassermusik“ (1717) und „Feuerwerksmusik“ (1748). 1741/42 entstand das wohl populärste Musikstück Händels, das Oratorium „Der Messias“ mit dem Chor „Halleluja“. Georg Friedrich Händel alias George Frideric Handel, der 1759 in London verstarb, wird bis heute in Großbritannien als Klassiker verehrt.

In seiner Vaterstadt, die sich heute stolz als Händelstadt präsentiert, ist

Händel-Haus in Halle.

der große Barockmusiker noch immer allgegenwärtig. Das Händel-Denkmal auf dem Marktplatz gegenüber der Taufkirche des Komponisten, der Marktkirche Unser Lieben Frauen, gehört zu den bekanntesten Ikonen der deutschen Kulturnation. Gleichwohl verdankt sich die Aufstellung im 100. Todesjahr 1859 einer bemerkenswerten Gemeinschaftsaktion von deutschen und britischen Musikfreunden, darunter Queen Victoria mit einem erheblichen finanziellen Beitrag. Das Händel-Haus in der Großen Nikolaistraße zieht als bedeutendes Musikmuseum viele Besucher aus nah und fern an. Im Geburtshaus Georg Friedrich Händels kann man mit einer anschaulichen Ausstellung und vielen Veranstaltungsangeboten in die Barockzeit eintauchen. Die 1922 erstmals und seit 1952 jährlich veranstalteten Händel-Festspiele in Halle sind nicht nur das größte Musikfest Sachsen-Anhalts, sondern zählen längst zu den renommiertesten Festspielen in Deutschland. Sie gelten als Herzstück der europäischen Pflege von Händels Werk. Unterstützt werden sie hierbei von der 1955 gegründeten Georg-Friedrich-Händel-Gesellschaft. Diese gibt auch die umfassende Gesamtausgabe des Werkes, die Hallische Händel-Ausgabe, und die Händel-Jahrbücher heraus.

33 Gleichschritt und Ladestock
Der Alte Dessauer

Fürst Leopold I. von Anhalt-Dessau hat als „Alter Dessauer" große Bekanntheit erlangt. Um den urwüchsigen „Haudegen" in preußischen Militärdiensten und unkonventionellen Herrscher rankt sich so manche Legende.

Die anhaltischen Kleinstaaten spielten in der Neuzeit machtpolitisch eher eine passive Außenseiterrolle. Nur kurzzeitig trat etwa Fürst Christian von Anhalt-Bernburg als Mitbegründer der Protestantischen Union 1608 und Heerführer im Dreißigjährigen Krieg hervor. Nach der Niederlage in der Schlacht am Weißen Berge 1620 zog er sich nach Bernburg zurück. Die Fürsten sahen sich zunehmend darauf verwiesen, in den Dienst mächtigerer Herrscherhäuser zu treten. Viele Vertreter besonders der Dessauer Linie wirkten als Heerführer für Brandenburg-Preußen. Dies war auch eine Antwort auf die Herausforderung, sich zwischen den großen Nachbarn Brandenburg-Preußen und Sachsen zu behaupten. Lange Zeit tendierten die Askanier hierbei zum gleichgläubigen reformierten Nachbarn im Norden.

Einer der bekanntesten anhaltinischen Fürsten war Leopold I. von Anhalt-Dessau (reg. 1693–1747), besser bekannt als der „Alte Dessauer". Er pflegte besonders enge Verbindungen zum Königreich Preußen, für das er als Militärorganisator und Feldherr eine wichtige Rolle spielte. Unter dem befreundeten „Soldatenkönig" Friedrich Wilhelm I. wirkte er von 1715 bis 1740 als Befehlshaber der preußischen Armee, die er grundlegend reformierte. Eiserner Ladestock und Gleichschritt sind hierbei nur die bekanntesten Neuerungen. Unter Friedrich dem Großen sollte sich die Schlagkraft des preußischen Heeres in dessen Eroberungskriegen um Schlesien zeigen, wobei Leopold anfangs noch als Heerführer in Erscheinung trat. In seiner letzten großen Schlacht bei Kesselsdorf nahe Dresden am 15. Dezember 1745 besiegte er das österreichisch-sächsische Heer, womit der Zweite Schlesische Krieg zugunsten Preußens entschieden wurde. Aber auch als Gouverneur von Magdeburg hatte er einen nicht geringen Anteil am barocken Wiederaufbau der Elbestadt in der ersten Hälfte des 18. Jahrhunderts.

Schon zu Lebzeiten begann die Verklärung des urwüchsigen „Haudegens", dem sogar ein eigener Marsch gewidmet wurde. Volksnähe schien auch sein Hinwegsetzen über höfische Konventionen zu signalisieren. So heiratete er seine Jugendliebe, die Dessauer Apothekertochter Anna Luise Föhse, die er in den Adelsstand erheben ließ. All dies sollte aber nicht den Blick für die durchaus problematischen Charaktereigenschaften Leopolds verstellen. Unter Jähzorn und Gewalttätigkeit hatte besonders sein engeres Umfeld zu leiden. Für das Geistesleben des Landes war die Abneigung des Fürsten gegen alles Intellektuelle ähnlich wie im Preußen des „Soldatenkönigs" wenig förderlich.

Das Denkmal für Fürst Leopold I. vor der Marienkirche in Dessau.

In seinem eigenen Fürstentum versuchte Leopold I., die Spätfolgen des Dreißigjährigen Krieges durch Reformen zu überwinden. Dabei schreckte er auch vor dem außergewöhnlichen Versuch nicht zurück, den Großteil des Grundbesitzes in seine Hand zu bekommen. Anhalt-Dessau wurde so buchstäblich zum „Fürstentum ohne Landadel“. Einen wichtigen Grundstein hatte bereits der Vater Leopolds gelegt. Fürst Johann Georg II. von Anhalt-Dessau (reg. 1660–1693), ebenfalls Generalfeldmarschall in brandenburgischen Diensten, heiratete 1659 Prinzessin Henriette Catharina von Nassau-Oranien. Er besaß damit enge Verbindungen zu den Fürstenhäusern in den Niederlanden und Großbritannien. Die vermögende Niederländerin beteiligte sich intensiv an der Entwicklung des Kleinstaates und zog Fachleute aus ihrer Heimat etwa zum Deichbau heran. Das Dorf Nischwitz wurde ihr von Johann Georg 1660 als persönlicher Besitz übertragen und bekam 1673 den symbolischen Namen Oranienbaum. Ab 1681 ließ Henriette Catharina hier Stadt, Park und Schloss Oranienbaum errichten. Die niederländisch anmutende Barockanlage bildet heute eine reizvolle Besonderheit im Gartenreich Dessau-Wörlitz.

34 Märchenhaftes Welterbe
Fürst Franz und der Wörlitzer Park

Fürst Leopold III. Friedrich Franz von Anhalt-Dessau schuf einen aufgeklärten Musterstaat, aus dem der Wörlitzer Garten herausragte. Das heutige UNESCO-Welterbe stellt den ältesten Englischen Garten mit dem Gründungsbau des deutschen Klassizismus dar.

Der bekannteste anhaltinische Herrscher neben dem „Alten Dessauer" war Leopold III. Friedrich Franz (reg. 1758–1817). Anders als sein Großvater ging Fürst Franz nicht durch militärischen Ruhm in die Geschichte ein, sondern durch kulturelle Verdienste. Als junger Prinz hatte er nach traumatischen Erfahrungen im Siebenjährigen Krieg 1757 seinen Dienst im Heer Friedrichs des Großen quittiert und damit gegen eine lange Familientradition verstoßen. Seine aufklärerische Politik führte das Fürstentum Anhalt-Dessau zu höchster Blüte. Entgegen kam Franz dabei die weitgehende Ausschaltung des Landadels durch seine Vorgänger, die ein relativ ungebundenes Handeln möglich machte.

Die bedeutendste Schöpfung von Fürst Franz ist das gemeinsam mit dem sächsischen Architekten Friedrich Wilhelm von Erdmannsdorff geschaffene Gartenreich Dessau-Wörlitz. Fast das gesamte Fürstentum wurde durch gezielte Landschaftsgestaltung aufgewertet. Dies geschah in Abkehr von der strengen geometrischen Formensprache des französischen Barockgartens. Vielmehr standen der aufkommende Klassizismus mit seinem Rückgriff auf die griechisch-römische Antike und der Englische Landschaftsgarten im Mittelpunkt. Fürst Franz und Erdmannsdorff hatten auf Bildungsreisen in England und Italien hierfür prägende Eindrücke gesammelt. Besonders die Bekanntschaft mit dem aus Stendal stammenden Gelehrten Johann Joachim Winkelmann, Wegbereiter der Antike-Verehrung, in Rom 1765 hinterließ weitreichende Folgen.

Im Mittelpunkt des Gartenreichs stehen die Landschaftsgärten um die Schlossanlagen Wörlitz (1769/73), Luisium (1774/78) und Georgium (1780). Eingebunden wurden die älteren Komplexe um Schloss Oranienbaum und das Rokokoschloss Mosigkau. Alle Anlagen wurden durch weitere Gärten, Sichtachsen und Alleen harmonisch miteinander verknüpft. Von herausragender Bedeutung ist Schloss Wörlitz als Gründungsbau des deutschen Klassizismus, eingebettet in den ersten Englischen Garten auf dem europäischen Kontinent. Das „Gotische Haus" wiederum gehört zu den frühesten Beispielen der von Großbritannien ausgehenden Neogotik in Deutschland.

Das viel bewunderte Gartenreich, in dem sich Johann Wolfgang von Goethe bei seinen Besuchen „wie im Märchen" fühlte, wurde schon von den Zeitgenossen nicht nur als kultureller Kurswechsel vom Barock zu Klassizismus und Neogotik, vom geometrischen Barockgarten zum naturnahen Landschaftspark

Schloss Wörlitz gilt als Gründungsbau des deutschen Klassizismus.

verstanden. Besonders der Wörlitzer Park war auch ein Ausdruck der Abkehr vom absolutistischen Herrschaftsverständnis hin zu den Idealen der Aufklärung, auf die zahlreiche Details der frei zugänglichen Anlage vom „Toleranzblick“ auf Kirche und Synagoge bis hin zur Rousseau-Insel hinweisen.

Fürst Franz galt als Schöpfer eines „aufklärerischen Musterstaates“. Er brachte die im Siebenjährigen Krieg ruinierte Ökonomie vor allem durch eine effektive Landwirtschaft in Ordnung und verwandelte sein Fürstentum buchstäblich in „blühende Landschaften“. Gesellschaftlicher Dünkel und religiöse Intoleranz wurden von ihm aus Überzeugung, aber auch mit Blick auf das Staatswohl bekämpft. Anhalt-Dessau setzte Meilensteine der Bildungsgeschichte, wofür das viel beachtete Philanthropin (1774–1793) von Johann Bernhard Basedow in Dessau steht. Kunst und Kultur wurden breitenwirksam befördert. Teils mit persönlichem Einsatz verbesserte Franz viele Lebensbereiche seiner Untertanen vom Gesundheits- und Sozialwesen bis hin zum Katastrophenschutz in der Überschwemmungsregion zwischen Elbe und Mulde.

35 Edle Einfalt und stille Größe
J.J. Winckelmann und Stendal

Johann Joachim Winckelmann hat den Klassizismus wie kein anderer Gelehrter des Aufklärungszeitalters geprägt. Der gebürtige Stendaler machte die griechisch-römische Antike für Generationen von Künstlern zum verehrten Vorbild.

Johann Joachim Winckelmann gilt als Mitbegründer der klassischen Archäologie und modernen Kunstwissenschaften. Kein anderer Gelehrter des Aufklärungszeitalters hat so nachhaltig den Klassizismus mit seinem Rückbezug auf die griechisch-römische Antike befördert. So wäre die Weimarer Klassik Goethes und Schillers ebenso wenig ohne Winckelmann denkbar wie das zum UNESCO-Welterbe zählende Dessau-Wörlitzer Gartenreich des Fürsten Franz. Seine leidenschaftliche Liebe besonders zur griechischen Kunst hat viele große Geister angesteckt. Der deutsche Dichterfürst Johann Wolfgang von Goethe setzte dem gebürtigen Stendaler mit der Schrift „Winckelmann und sein Jahrhundert" (1805) ein literarisches Denkmal.

In seinen „Gedanken über die Nachahmung der griechischen Werke in der Malerey und Bildhauerkunst" (1756) fand Winckelmann die viel zitierte Charakterisierung der Kunst der „Alten": „Das allgemeine vorzügliche Kennzeichen der griechischen Meisterstücke ist endlich eine edle Einfalt und stille Größe! So wie die Tiefe des Meeres allezeit ruhig bleibt, die Oberfläche mag noch so wüten, ebenso zeigt der Ausdruck in den Figuren der Griechen bei allen Leidenschaften eine große und gesetzte Seele." Dieser zeitlosen Schönheit gelte es, in Abkehr vom verspielt-überladenen Barock und Rokoko nachzueifern. Sein Hauptwerk „Geschichte der Kunst des Altertums" (1764) mit moderner Differenzierung und Stileinteilung gilt als wegweisend für die Antike-Forschung.

Der Aufstieg zum hoch angesehenen Gelehrten war dem Sohn eines Stendaler Schusters freilich nicht in die Wiege gelegt worden. In seinem Geburtsjahr 1717 hatte die stolze altmärkische Hansestadt, bis heute geprägt von Bauwerken der Backsteingotik wie den hochaufstrebenden Kirchen und dem Uenglinger und Tangermünder Tor, den Zenit ihrer Entwicklung überstiegen. Die Familie lebte zudem unter äußerst bescheidenen Bedingungen. Dennoch gelang es Winckelmann mit großer persönlicher Energie und unter vielen Entbehrungen, seinen Bildungsweg von der Stendaler Lateinschule über Gymnasien in Berlin und Salzwedel bis hin zum Studium in Halle und Jena zu beschreiten. Früh zeigten sich hierbei Interesse und Begabung vor allem für das Griechische. Dennoch musste er sich immer wieder u.a. als Hauslehrer in Hadmersleben, Konrektor der Lateinschule Seehausen und Bibliothekar des Reichsgrafen von Bünau in Schloss Nöthnitz bei Dresden in bedrückende Abhängigkeiten begeben.

Der Aufbruch zu Freiheit und Ruhm gelang im kunstfreudigen „Elbflorenz"

Das Winckelmann-Denkmal in Stendal.

Kurfürst Friedrich Augusts II., Sohn Augusts des Starken. Nachdem Winckelmann die Dresdner Kunstsammlungen ausgiebig studiert hatte, brach er 1755 mit einem sächsischen Stipendium als konvertierter Katholik nach Rom auf. Dort stieg er zum anerkannten Gelehrten auf, dem Papst Clemens XIII. 1763 zum Aufseher aller Altertümer im Kirchenstaat ernannte. Seine Schriften beflügelten nun weltweit die „Nachahmung der Alten“. Unter italienischer Sonne ereilte Winckelmann aber auch sein tragisches Ende durch einen Raubmord in Triest 1768.

Heute wird er in der Welt der Altertumswissenschaft noch immer geehrt, allen voran an der Universität Halle. In seiner Vaterstadt Stendal hat man am Ort des Geburtshauses 1955 das Winckelmann-Museum eingerichtet, das von der Winckelmann-Gesellschaft getragen wird. 1859 hatte die Stadt bereits ein repräsentatives Denkmal am zeitgleich umbenannten Winckelmannplatz an der Marienkirche errichtet. Auch in anderen Wirkungsorten in Sachsen-Anhalt finden sich Spuren des großen Gelehrten aus der Altmark.

36 Tempel der Freundschaft
J.W.L. Gleim und Halberstadt

Der Aufklärungs-Dichter Johann Wilhelm Ludwig Gleim galt einer ganzen Generation von Literaten als „Vater Gleim". Besonders widmete er sich der Freundschaftskultur, wobei das Gleimhaus in Halberstadt zum „Tempel der Freundschaft" wurde.

Der Aufklärungs-Dichter Johann Wilhelm Ludwig Gleim galt einer ganzen Generation von Literaten als Förderer und Mäzen, als „Vater Gleim". In Erinnerung geblieben ist er vor allem als Vertreter der Freundschaftskultur, die ihn mit zahlreichen Zeitgenossen verband. Seine Biografie wiederum liest sich wie eine Reise durch Sachsen-Anhalt. Geboren wurde Gleim als achtes von zwölf Kindern eines Steuereinnehmers in Ermsleben am Nordostrand des Harzes, Verwaltungssitz der 2002 gegründeten Stadt Falkenstein/Harz. Zur Schule ging die frühe Vollwaise in Wernigerode. Es folgte von 1738 bis 1741 ein Jura-Studium an der stark der Aufklärung verpflichteten Friedrichs-Universität Halle. Nach Stationen in Potsdam und Berlin führte der Weg Gleims an den Hof des Fürsten Leopold von Anhalt-Dessau, des „Alten Dessauers". Der Sekretär kam jedoch mit seinem alles Intellektuelle abschätzig behandelnden Landesherrn nicht zurecht und verließ Dessau rasch wieder.

Heimisch wurde Gleim schließlich in Halberstadt. 1747 trat er den Dienst als Sekretär des Domstifts Halberstadt an, das auch nach dem Aufgehen des Hochstiftes im brandenburgisch-preußischen Staat nach 1648 weiter bestand. Ab 1756 besserte er sein Einkommen noch durch ein Kanonikat des Stiftes Walbeck im heutigen Landkreis Börde

Das Gleimhaus in Halberstadt.

„Tempel der Freundschaft“ im Gleimhaus.

auf. Nach den Wanderjahren der Jugend wurde die einstige Residenz der Bischöfe von Halberstadt nun für mehr als fünf Jahrzehnte bis zu seinem Tod 1803 der Wirkungskreis Gleims. Sein Wohnhaus stand und steht als heutiges Literaturmuseum Gleimhaus unmittelbar im Schatten des Halberstädter Doms. Die letzte Ruhestätte fand der angesehene Bürger in seinem Garten an der Halberstadt durchfließenden Holtemme. Dies verweist darauf, dass sich Gleim auch einen Namen als „deutscher Anakreon“ gemacht hatte. Die Anakreontik feierte nach dem Vorbild des altgriechischen Lyrikers Anakreon in ihren Gedichten Liebe, Freundschaft, Wein und Geselligkeit in idyllischer Natur.

Neben der Anakreontik waren Gleims Kriegslyrik als fiktiver „preußischer Grenadier“ im Siebenjährigen Krieg (1756–1763) und seine Fabeldichtungen populär. In Erinnerung geblieben ist er freilich in erster Linie als Hauptvertreter der für die Aufklärung charakteristischen Freundschaftskultur. Gleim pflegte seine Kontakte mit ausführlicher Korrespondenz und zog zahlreiche Intellektuelle in seinen „Halberstädter Dichterkreis“. Enger Kontakt bestand zu Größen der Zeit wie Gotthold Ephraim Lessing, Johann Gottfried Herder, Friedrich Gottlieb Klopstock und Christoph Martin Wieland. In seinem Haus hängte Gleim lebensgroße Brustbilder seiner Freunde auf. Immer weiter ergänzt, entstand so mit rund 150 Bildern die größte Porträtgalerie der deutschen Aufklärung, darunter auch der aus Stendal stammende Klassik-Wegbereiter Johann Joachim Winckelmann. Gleim selbst sprach von seinem „Tempel der Freundschaft und der Musen“. Das 1862 als eines der ältesten Literaturmuseen eröffnete Gleimhaus bietet heute lebendige Einblicke in diesen Freundschaftskult. Es präsentiert sich als anschauliches, mehrfach ausgezeichnetes „Museum der deutschen Aufklärung“. Über seine museale Funktion hinaus versteht es sich auch als Forschungsstätte. Seit 1995 wird vom Förderkreis Gleimhaus der Gleim-Literaturpreis verliehen.

37 Der Unabhängigkeits-General
F.W. von Steuben und Magdeburg

Der preußische Offizier Friedrich Wilhelm von Steuben trug unter George Washington wesentlich zum Sieg der USA im Unabhängigkeitskrieg (1775–1783) bei. Hieran erinnert man heute auch in seiner Vaterstadt Magdeburg.

Die Steuben Parade in New York gehört zu den größten Festparaden an der Ostküste der USA. Jedes Jahr säumen Tausende Menschen am dritten Samstag im September die Fifth Avenue in Manhattan. Die 1957 erstmals durchgeführte German-American Steuben Parade wurde von deutschstämmigen Amerikanern ins Leben gerufen, die die Traditionen ihrer ursprünglichen Heimat pflegen wollten. Sie führt denn auch von der 64th Street Richtung Norden vorbei am Central Park bis zur 86th Street, dem einstigen deutschamerikanischen Zentrum New Yorks, dem „Sauerkraut Boulevard". Die größte Einwanderergruppe in den USA – allein in New York City leben etwa 500.000 Deutschstämmige – schuf damit ein Ereignis, das über die zahlreichen Oktoberfeste und ähnlichen Traditionsveranstaltungen hinaus in der US-Metropole eine Rückkoppelung nach Deutschland bewirkte. Der Umzug, der keine Militärparade im eigentlichen Sinne darstellt, wird von zahlreichen deutschen Musikvereinen, Trachtengruppen, Karnevalsorganisationen und Schützenvereinen mitgetragen. Trat hierbei lange das als „typisch deutsch" angesehene bayerische Element in den Vordergrund, so öffnet sich die Parade zunehmend Teilnehmern aus anderen Regionen.

Eine Teilnahme an der Parade ist seit der Friedlichen Revolution und deutschen Wiedervereinigung 1989/90 auch Gruppen aus Sachsen-Anhalt möglich, der Heimat des Namensgebers Friedrich Wilhelm von Steuben. Jene herausragende historische Symbolfigur der Deutschamerikaner, jener preußische Offizier, der in amerikanischen Diensten den Unabhängigkeitskrieg unter George Washington mit zum Erfolg führte, wurde 1730 in Magdeburg geboren. Der Sohn eines preußischen Ingenieurhauptmanns in der bedeutenden Elbe-Festung kam unter der Obhut seines Vaters schon mit 14 Jahren in die preußische Armee und diente unter König Friedrich II. Bis zu seiner Verabschiedung 1762 erwarb sich der Offizier zahlreiche Meriten und bekleidete anschließend noch weitere hohe Ämter in deutschen Fürstenhäusern. 1777 lernte Steuben in Paris Benjamin Franklin kennen, der für die um ihre Unabhängigkeit kämpfenden britischen Kolonien in Nordamerika um Unterstützung warb. Diese hatten sich am 4. Juli 1776, dem Independence Day, für unabhängig von London erklärt. Auf Franklins Anregung hin schloss sich der anerkannte Militär der amerikanischen Kontinentalarmee an. Nicht zuletzt dank seiner straffen Leitung als Generalinspekteur endete der Amerikanische Unabhängigkeitskrieg (1775–1783) mit einem Sieg der USA.

Dementsprechend hat der deutschstämmige US-General Steuben nach

Das Steuben-Denkmal in Magdeburg.

seinem Tod 1794 in den USA zahlreiche Würdigungen bis hin zur Benennung von ganzen Städten und Countys erfahren. Aber auch in seiner Vaterstadt Magdeburg ist er keineswegs vergessen. Seit 1989/90 wird wieder an den während der DDR-Zeit als Vertreter des preußischen Militarismus geltenden und daher eher verschollenen Sohn der Stadt erinnert. Am 17. September 1996 wurde zum Zeitpunkt der Steuben Parade in New York in Magdeburg ein Denkmal eingeweiht. In der Harnackstraße im südlichen Gründerzeitviertel, einer Parallelstraße der Steubenallee, kam in Anwesenheit von Bundesverteidigungsminister Volker Rühe ein Nachguss der Bronzestatue des Bildhauers Albert Jaegers, die seit 1910 im Lafayette Park in Washington steht, zur Aufstellung. Allein schon dieser symbolische Brückenschlag über den „Großen Teich" macht die große historische Bedeutung Steubens deutlich. Sein Denkmal zeigt zudem, dass die für Magdeburg und große Teile Sachsen-Anhalts prägende Preußenzeit wieder ohne rückwärtsgewandte Verklärung als historisches Erbe angenommen wird.

38 Preußisches Kernland
Die Provinz Sachsen

Mit dem Wiener Kongress 1815 trat die preußische Provinz Sachsen mit der Hauptstadt Magdeburg ins Leben. Dieses heterogene Gebilde entwickelte gewisse Bindekräfte und bildete die Basis des heutigen Landes Sachsen-Anhalt.

Die Epoche um Französische Revolution und Napoleonische Zeit brachte durchgreifende territoriale Veränderungen. Das Königreich Preußen stieg mit dem Wiener Kongress 1815 auf Kosten des Königreiches Sachsen endgültig zur beherrschenden Vormacht auch in Mitteldeutschland auf. Sachsen hatte Napoleon bis zur Völkerschlacht bei Leipzig 1813 die Treue gehalten, was ihm nun mehr als die Hälfte seines Gebietsstandes kostete. Jene „neupreußischen" Gebiete um Sangerhausen, Merseburg, Naumburg und Zeitz sowie in Thüringen von Nordhausen über Erfurt bis Suhl wurden zusammen mit den „altpreußischen" Besitzungen von Halle bis zur Altmark in der 1815 gebildeten Provinz Sachsen mit der Hauptstadt Magdeburg zusammengefasst.

Deren Verwaltung wurde untergliedert in die Regierungsbezirke Magdeburg, Merseburg und Erfurt. Die beiden Ersteren umfassten im Wesentlichen den Norden und Süden des heutigen Sachsen-Anhalts, voneinander getrennt durch die anhaltischen Herzogtümer. In der Festungsstadt Magdeburg residierten der Oberpräsident der Provinz und der Regierungspräsident des nördlichen Regierungsbezirks, zu dem die seit Jahrhunderten zur Mark Brandenburg gehörende Altmark geschlagen worden war. Merseburg hatte im Südosten in integrativer Absicht den Vorzug vor dem „altpreußischen" Halle bekommen und wurde auch Sitz des seit 1825 tagenden Provinziallandtags. Sitz der Bezirksregierung wurde das Schloss der geschichtsträchtigen Bischofs- und Residenzstadt, der Landtag trat im Schlossgartensalon zusammen.

Mit den Regierungsbezirken Magdeburg und Merseburg war die territoriale Basis für das heutige Sachsen-Anhalt gelegt. Freilich spotteten schon Zeitgenossen wie Historiker Heinrich von Treitschke über die Provinz als „wunderliches Gewirr" aus historisch-kulturell sehr unterschiedlichen Gebietsteilen von der altmärkisch-norddeutschen „Wiege Brandenburgs" bis hin zum thüringisch-sächsisch geprägten Süden. Jene Diskussionen sind bis hin zu den Landesgründungen 1945 und 1990 immer wieder aufgeflammt. Aber auch wenn es kein etwa mit Sachsen und Thüringen vergleichbares Landesbewusstsein gibt, so blickt das heutige Bundesland doch auf eine große Geschichte mit integrativen Ansätzen zurück.

Die neue Provinz Sachsen besaß für Preußen an der West- und Südflanke seines Kerngebietes große strategische Bedeutung. Magdeburg wurde weiter als stark befestigtes Bollwerk ausgebaut. Überall wurden Garnisonen angelegt.

Das Wappen der Provinz Sachsen von 1927.

Preußen nahm fortan starken Einfluss auf die politische und wirtschaftliche Entwicklung der Region. Insbesondere aber entwickelte die nach anfänglichen Schwierigkeiten allmählich zusammenwachsende Provinz als ein Kernraum der beginnenden Industrialisierung eine gewisse Anziehungskraft nach innen und außen, die bis heute erinnerungskulturell nachwirkt.

Auch im Kulturbereich schuf man neue Strukturen. Während etwa die praktisch erloschene Universität Erfurt 1816 geschlossen wurde, baute man die Universität Halle zur modernen Hochschule für die Provinz aus. 1817 entstand durch den Zusammenschluss mit der Leucorea die Universität Halle-Wittenberg. In vielen Bereichen war das Bemühen zu erkennen, die „Neupreußen" an das Königreich der Hohenzollern zu binden. Eine nicht unwichtige Rolle spielte hierbei die 1876 gegründete Historische Kommission. Mit dem Beitritt Anhalts 1900 zur Historischen Kommission für die Provinz Sachsen und das Fürstentum Anhalt erweitert, wies sie bereits auf die heutige Historische Kommission für Sachsen-Anhalt voraus. Ähnlich ist aus dem 1882 gegründeten preußischen Provinzialmuseum das Landesmuseum für Vorgeschichte in Halle hervorgegangen.

39 Einigkeit und Recht und Freiheit
Die Revolution 1848/49

Die liberal-demokratische Nationalbewegung versuchte in der Revolution 1848/49, ihre Vorstellungen eines modernen Nationalstaates umzusetzen. Zu den Schwerpunkten der Revolution gehörte auch die Region Sachsen-Anhalt.

Trotz der konservativen Neuordnung Europas 1815 mit dem eher losen Deutschen Bund ließ sich die Idee der Nation in Deutschland nicht mehr gänzlich unterdrücken. Die liberal-demokratische Nationalbewegung verstand die Nation als äußere Form, in der ein moderner Verfassungs- und Rechtsstaat verwirklicht werden sollte. August Heinrich Hoffmann von Fallersleben hat dies 1841 in seinem „Lied der Deutschen" mit der Forderung nach „Einigkeit und Recht und Freiheit" klar formuliert. Die Ansichten über das künftige Deutschland waren dabei keineswegs einheitlich. Die „nationale Frage" konnte durch Preußen auf „kleindeutschem" Wege oder unter Einschluss Österreichs auf „großdeutschem" Wege gelöst werden, als Monarchie oder als Republik.

Nach der Pariser Julirevolution 1830 bekam die Nationalbewegung wieder Aufwind, was beim Hambacher Fest 1832 deutlich wurde. Ihren Höhepunkt erreichte sie in der Revolution von 1848/49. Im März 1848 sahen sich neben dem preußischen König, der mit der Provinz Sachsen über weite Teile des heutigen Sachsen-Anhalts herrschte, auch die anhaltinischen Fürsten mit den „Märzforderungen" nach Presse- und Versammlungsfreiheit bis hin zur Ablösung feudaler Relikte konfrontiert. Die meisten Fürsten machten entsprechende Zugeständnisse, in Dessau und Köthen erließ Herzog Leopold IV. Friedrich Verfassungen, die den Forderungen weit entgegenkamen.

Bürgerwehren, Petitionen, Versammlungen, eine aufblühende Presselandschaft und frei gewählte Landtage beförderten die Politisierung der Bevölkerung. Zu den Zentren der Revolutionsbewegung gehörte auch die Provinz Sachsen, wo es in Magdeburg schon früh zu gewaltsamen Zusammenstößen kam. Die liberale Mehrheit des Bürgertums freilich strebte einen Kompromiss mit den Monarchen an. Zugleich versuchten konservative Kräfte um den jungen Otto von Bismarck, die Altmark zu einem gegenrevolutionären Bollwerk zu machen. Der spätere „Eiserne Kanzler" war 1815 in Schönhausen an der Elbe geboren worden und führte das dortige Familiengut, woran heute die Otto-von-Bismarck-Stiftung erinnert.

Im Sommer und Herbst 1848 spitzte sich die Lage wieder zu. Im Raum Halle, Merseburg und im Unstruttal gab es Aufstandsbewegungen und Zusammenstöße mit preußischem Militär. In den anhaltischen Staaten traten preußische Beamte an die Spitze der Regierungen und die fortschrittlichen Verfassungen wurden aufgehoben. Konservative Kräfte gewan-

1848 erhob die Nationalversammlung Schwarz-Rot-Gold zu den deutschen Nationalfarben.

nen in der Region wieder stärker an Einfluss und versuchten etwa, den ersten evangelischen Kirchentag in Wittenberg im September 1848 zur Erneuerung des Bündnisses von Thron und Altar zu nutzen. Den traurigen Schlussakkord des Revolutionsgeschehens in Anhalt bildete das Blutbad von Bernburg am 19. März 1849, bei dem 14 Demonstranten durch Soldaten erschossen wurden. Die Revolution fand mit der Ablehnung der Reichsverfassung und der Kaiserkrone durch den preußischen König Friedrich Wilhelm IV. im April 1849 ein erfolgloses Ende.

Die Verfassung war von der seit dem 18. Mai 1848 tagenden Frankfurter Nationalversammlung ausgearbeitet worden. Preußen hatte hierzu 280 Abgeordnete auch aus der Provinz Sachsen entsandt, aus den anhaltischen Herzogtümern kamen fünf. Zu den prominentesten zählte „Turnvater" Friedrich Ludwig Jahn, der in Freyburg an der Unstrut lebte. In der Frankfurter Paulskirche wurde auch heftig über die Kleinstaaten diskutiert. Nicht wenige Liberale und Demokraten sprachen ihnen spöttisch die Existenzberechtigung ab, wenngleich man die kulturellen Verdienste durchaus würdigte. Vor diesem Hintergrund gab es auch in den Kleinstaaten selbst Zusammenschlusstendenzen. Dies zeigte sich etwa in dem Versuch einer einheitlichen Verfassung und Volksvertretung für die anhaltischen Herzogtümer, die 1863 endgültig mit der Hauptstadt Dessau vereint wurden.

40 Aufbruch ins Industriezeitalter
Wirtschaftsregion Sachsen-Anhalt

Die Region Sachsen-Anhalt entwickelte sich ab Mitte des 19. Jahrhunderts zu einer modernen Industrielandschaft. Hierzu trugen reiche Bodenschätze, allen voran die Braunkohle, bei. Industriedenkmale wie Ferropolis machen dies erlebbar.

Im Selbstverständnis des heutigen Bundeslandes Sachsen-Anhalt spielt die Geschichte als moderne Industrieregion eine wichtige Rolle. So fand die erste überblicksartige Landesausstellung „Mittendrin. Sachsen-Anhalt in der Geschichte“ 1998 im zuvor stillgelegten Kraftwerk Vockerode an der Elbe bei Dessau statt. Sie spannte den Bogen von den identitätsstiftenden frühen Kapiteln wie der Zeit der ottonischen Könige und Kaiser sowie der Reformation bis hin zur wegweisenden Großindustrie des 20. Jahrhunderts mit Leuna, Junkers und SKET. Das 1937 errichtete Braunkohlekraftwerk mit seinen einst vier markanten Schornsteinen symbolisiert selbst jene typische Mischung aus Kultur- und

Industrielandschaft – steht es doch in unmittelbarer Nähe der UNESCO-Welterbestätten des Bauhauses und des Dessau-Wörlitzer Gartenreiches.

Ausgangspunkt für den Aufstieg zu einer der wichtigsten deutschen Industrieregionen war die Gründung der preußischen Provinz Sachsen 1815, die den größten Teil des heutigen Landes in einer Verwaltungseinheit zusammenschloss. Die bis 1863 schrittweise zu einem Herzogtum zusammengeschlossenen Kleinstaaten in Anhalt wurden bereits 1818 in das preußische Zollsystem eingebunden. Auf der Basis einer ertragreichen Landwirtschaft mit Schwerpunkten wie der Zuckerrübenverarbeitung entwickelte sich ab Mitte des 19. Jahrhunderts eine moderne Industrie. Vorreiter war u.a. der Maschinenbau in Magdeburg, dem die prägende Chemische Industrie im Großraum Halle folgte.

Nachhaltige Impulse erhielt die Industrialisierung vom Eisenbahnbau, der sowohl modernes Verkehrsmittel als auch Katalysator der Schwerindustrie war. Die verkehrsgünstig inmitten Deutschlands gelegene Region wurde bereits 1840 mit der Strecke Leipzig–Magdeburg, der zweiten deutschen Ferneisenbahn überhaupt nach Leipzig–Dresden ein Jahr zuvor, an das entstehende Netz angeschlossen. Weitere wichtige Grundlage war der Reichtum an Bodenschätzen. Neben umfangreichen Salz- und Erzvorkommen, die ganze Regionen prägten, war die Braunkohle der entscheidende Rohstoff. Insbesondere ab dem frühen 20. Jahrhundert gewann die Einheit aus Braunkohleabbau, Energieerzeugung und Chemie im Industrierevier um Halle an Bedeutung. Dort wurde 1911 auch die erste elektrifizierte Eisenbahnstrecke Deutschlands zwischen Bitterfeld und Dessau in Betrieb genommen. In der heute weitgehend rekultivierten Braunkohlelandschaft finden sich eindrucksvolle Erinnerungsorte der Industriekultur wie „Ferropolis". Jenes Industriemuseum mit seinen imposanten Kohlebaggern ist zugleich ein beliebter Veranstaltungsort. Es liegt reizvoll nahe Gräfenhainichen auf einer Halbinsel im Gremminer See, dem ehemaligen Tagebau Golpa-Nord.

Deutschland wandelte sich nach der Reichsgründung von 1871 endgültig von einem mehrheitlichen Agrarland zu einer modernen industriell-urbanen Massengesellschaft. Bis 1914 stieg die Bevölkerungszahl von 41 auf 65 Millionen, der Anteil der städtischen Bevölkerung von einem Drittel auf zwei Drittel. Das Reich gehörte jetzt zu den führenden Industrienationen der Welt. Auch in Sachsen-Anhalt wuchs die Einwohnerzahl rasant an. Schlaglichtartig deutlich wird dies an der rapiden Entwicklung der beiden modernen Industriegroßstädte: Magdeburg wuchs von 85.000 auf 280.000 Einwohner, Halle von 53.000 auf 185.000. Die Städte dehnten sich unter sozialer Differenzierung in Arbeiter- und Bürgerviertel in ihr Umland aus. Die Infrastruktur wurde mit Ringstraßen, Straßenbahn, Kanalisation, Elektrifizierung, Krankenhäusern usw. durchgreifend erneuert. Repräsentative Neubauten wie Rathäuser, Museen und Theater bereicherten vielerorts das Stadtbild. Nach 1900 entstanden die ersten großen Kaufhäuser, der Einzelhandel boomte. Dieser Modernisierungsprozess erfasste auch viele der mittleren und kleineren Städte. So wurde aus der beschaulichen Kleinstaaten-Residenz Dessau eine pulsierende Industriestadt, bis heute die drittgrößte Stadt des Landes.

‹ Schaufelradbagger in der Erlebniswelt Ferropolis.

41 Land der Zuckerrüben
Die industrialisierte Landwirtschaft

Die Provinz Sachsen entwickelte sich im 19. Jahrhundert zu einem Zentrum von Zuckerrübenanbau und -verarbeitung, was auch den Maschinenbau beflügelte. Bis heute gehört Sachsen-Anhalt zu den wichtigsten Zuckerproduzenten in Deutschland.

In der eher ländlich geprägten preußischen Provinz Sachsen bildete sich im 19. Jahrhundert zwischen Altmark und Burgenland eine Wirtschaftsstruktur mit urbanen industriellen Kernen und einer modernen Landwirtschaft aus. Beispielhaft hierfür steht der Zuckerrübenanbau in der Magdeburger Börde. Die industrielle Verarbeitung zu Zucker entwickelte sich zu einem der wichtigsten Wirtschaftszweige in der „Zuckerprovinz". Die Anfänge liegen im späten 18. Jahrhundert, als die aus der Gemeinen Rübe gezüchtete Kulturform ihren Siegeszug zum wichtigsten Zuckerlieferanten in unseren gemäßigten Breiten antrat. Sie erlebte während Napoleons Kontinentalsperre einen ersten erheblichen Aufschwung. Als nach 1815 wieder überseeischer Rohrzucker vor allem aus Großbritannien eingeführt werden konnte, gab es einen kurzzeitigen Rückschlag.

Ab den 1830er-Jahren nahmen Zuckerrübenanbau und -verarbeitung dann endgültig Fahrt auf. Neben der Spezialisierung von Bauernhöfen und Gütern auf die Zuckerrübe entstanden zahlreiche Zuckerfabriken. Das wiederum beflügelte die frühe Industrialisierung. So war der aufstrebende Maschinenbau in der Provinzhauptstadt Magdeburg wesentlich auf die Bedürfnisse der Landwirtschaft und speziell die der Zuckerherstellung ausgerichtet. Aus diesen Anfängen heraus wurde Magdeburg ab der Mitte des 19. Jahrhunderts eines der Zentren des deutschen Maschinenbaus. Jene Tradition reicht von den großen Privatunternehmen und Aktiengesellschaften wie Gruson und Wolf über das Schwermaschinenbau-Kombinat „Ernst Thälmann" (SKET) der DDR-Zeit bis hin zu den erfolgreichen Unternehmen unserer Tage.

Jene Vorreiterrolle der Provinz Sachsen in der Zuckerproduktion bzw. in der Modernisierung der Landwirtschaft überhaupt wurde vom preußischen Staat gezielt gefördert. Dies betraf nicht zuletzt die wissenschaftliche Erforschung. 1862 richtete man an der Vereinigten Friedrichs-Universität Halle-Wittenberg, dem akademischen Zentrum der Provinz, den ersten Lehrstuhl für Landwirtschaft ein. Berufen wurde mit Julius Kühn einer der wichtigsten Pioniere der Agrarwissenschaft. Kühn lehrte bis zu seiner Emeritierung 1909 fast fünf Jahrzehnte in Halle als ordentlicher Professor für Landwirtschaft. Er gilt neben Albrecht Daniel Thaer als maßgeblicher Gestalter des landwirtschaftlichen Universitätsstudiums in Deutschland. Eines seiner Spezialgebiete war die Schädlingsbekämpfung, etwa der weit verbreiteten „Rübenmüdigkeit" durch Fadenwürmer. Heute trägt

Wappen des Zuckerdorfes Klein Wanzleben.

u.a. das Julius-Kühn-Institut – Bundesforschungsinstitut für Kulturpflanzen (JKI) in Quedlinburg seinen Namen.

In Sachsen-Anhalt produzieren zwei der größten Zuckerfabriken Deutschlands noch immer auf der Grundlage einer modernen intensiven Landwirtschaft. Die Mittellage des Landes findet hierbei ihren Ausdruck darin, dass diese zu den beiden marktführenden Zuckerproduzenten gehören, der Nordzucker AG mit Sitz in Braunschweig und der Südzucker AG mit Sitz in Mannheim. Letztere gilt als größter Zuckerhersteller der Welt und betreibt das Werk in Zeitz. Die Zuckerfabrik Zeitz wurde als einer der Pionierbetriebe im „Land der Zuckerrüben" 1858 gegründet und gehörte über alle wirtschaftlich-politischen Zäsuren hinweg zu den großen Herstellern diverser Zuckersorten. Bis heute hat sich „Zeitzer Zucker" erfolgreich am Markt behauptet. Nordzucker betreibt ein traditionsreiches Werk in Klein Wanzleben in der Magdeburger Börde. Der bis ins 12. Jahrhundert zurückreichende Ort ist seit den 1830er-Jahren eng mit Anbau und Verarbeitung von Zuckerrüben sowie der Zucht neuer Sorten verbunden. Für Letzteres steht das Institut TINPLANT, das an die Tradition des ehemaligen Instituts für Rübenforschung der Akademie der Landwirtschaftswissenschaften zu Berlin anknüpft. Der heutige Ortsteil der Stadt Wanzleben-Börde führt denn auch eine Zuckerrübe im Wappen und nennt sich seit 2009 offiziell Zuckerdorf Klein Wanzleben. Dies bringt die starke Identifikation mit dem süßen Produkt deutlich zum Ausdruck.

42 Weißes Gold
Das Salzland Sachsen-Anhalt

Seit der Vorgeschichte wurde Sachsen-Anhalt geprägt von der Salzgewinnung, deren Geschichte vor allem im Halloren- und Salinemuseum Halle präsentiert wird. Stein- und Kalisalzförderung sind bis heute wichtige Wirtschaftszweige.

Salz zählte über Jahrtausende hinweg zu den wertvollsten Rohstoffen der Menschheit. Als Speisesalz und Konservierungsmittel reicht es weit in die Vorgeschichte zurück. Das Gebiet des heutigen Sachsen-Anhalts bot reiche Vorkommen, die die wirtschaftliche und politische Entwicklung maßgeblich beeinflussten. Schon in der Bronzezeit hat das Salz zur Macht der Fürsten von Aunjetitz beigetragen, den mutmaßlichen Herrschern eines Großreiches von ca. 2200 bis 1600 v. Chr. Jene erste Hochkultur Sachsen-Anhalts, die die legendäre Himmelsscheibe von Nebra hervorbrachte, verdankte sich also neben dem „kupfernen Gold", aus dem man unter Zugabe von Zinn Bronze gewann, auch dem „weißen Gold".

Stein- und Kalisalz wurde und wird seither in vielen Regionen abgebaut. Hieran erinnern schon auf den ersten Blick geografische Namen wie Salzlandkreis und Bad Salzelmen. Die ausgebeuteten Salzstöcke gehen auf das Zechsteinmeer zurück, das sich vor ca. 258 bis 250 Millionen Jahren im heutigen Mitteleuropa ausdehnte. Im 19. Jahrhundert kam zum Steinsalz das Kalisalz hinzu. Dieses zeichnet sich durch einen hohen Kalium-Gehalt aus und wird vor allem als Mineraldünger in der Landwirtschaft verwendet. Sachsen-Anhalt spielte hierbei eine Vorreiterrolle. 1852 wurden in Staßfurt, der „Wiege des Kalibergbaus", die ersten Kalischächte der Welt angelegt. Viele der einst bedeutenden Kali- und Steinsalzbergwerke sind freilich inzwischen stillgelegt, wie die Kaliwerke in Staßfurt, Lossa/Finne, Wippach/Bad Bibra, Beesenstedt/Salzatal, Trebitz/Salzatal, Wansleben am See, Oberröblingen, Röblingen und Rastenberg. Am bekanntesten ist das ehemalige Kali- und Steinsalzbergwerk Morsleben, das seit 1971 als Endlager für radioaktive Abfälle genutzt wird.

In Bernburg und Zielitz, ehemaligen Betrieben des mächtigen Kombinates Kali der DDR-Zeit, wird nach wie vor Stein- und Kalisalz im Rahmen der K+S AG Kassel abgebaut. Das Steinsalzbergwerk Bernburg wurde 1913 eröffnet und kann auf gut ein Jahrhundert erfolgreiche Salzgewinnung zurückblicken. In Zielitz nördlich von Magdeburg am Rand der Colbitz-Letzlinger Heide startete der Kaliabbau zwar erst 1969, doch dafür gilt es heute als größtes Kalibergwerk in Deutschland und eines der größten weltweit. Dokumentiert wird dies auch durch eine gewaltige Abraumhalde, den „Kalimandscharo" oder „Monte Kali".

Kein anderer der Salzstandorte der Region wurde jedoch so nachhaltig vom „weißen Gold" geprägt wie Halle. Hierauf verweist schon der Stadtname, der auf das vermutlich keltische „Hall"

Halloren- und Salinemuseum in Halle.

für Salz zurückgeht. Die Deutung, das Stadtwappen mit rotem Mond und zwei roten Sternen auf silbernem Grund zeige eine Salzsiedepfanne und Salzkristalle, ist allerdings fraglich. Unstrittig ist dagegen, dass die Saalestadt ab dem frühen 12. Jahrhundert eine beachtliche Aufwärtsentwicklung nahm, die eng mit dem Salzhandel verbunden war. Die Einnahmen lagen zunächst in der Hand des Magdeburger Erzbischofs, dem Landesherrn von Halle. Dann zog jedoch die Innung der Pfänner Salzgewinnung und -handel an sich. Die von ihnen geführte Bürgerschaft erwarb vom 13. Jahrhundert bis zum Ausgang des Mittelalters weitgehende Autonomie vom Erzbischof. Halle stieg zur bedeutenden Handels- und Hansestadt mit bis zu 7.000 Einwohnern auf.

Die Geschichte jenes traditionsreichen Wirtschaftszweiges wird vor allem im Technischen Halloren- und Salinemuseum in Halle aufgearbeitet, das auf die 1721 gegründete Königlich-Preußische Saline zurückgeht. Dort wurde bis 1964 in Konkurrenz zur Saline der Pfännerschaft die Sole aus den Brunnen rund um den Hallmarkt verarbeitet. Das 1967 eröffnete Museum veranschaulicht neben der Bedeutung für die Stadtentwicklung Halles die historische Salzgewinnung. Hierzu wird regelmäßiges Schausieden veranstaltet. Zu sehen ist auch der Silberschatz der Halloren, wie sich die Salzarbeiter nannten. Deren noch immer bestehende Salzwirker-Brüderschaft im Thale zu Halle geht bis auf das Jahr 1491 zurück.

43 Kupfernes Gold
Das Bergbaurevier Mansfeld

Das Mansfelder Land wurde lange von den mächtigen Grafen von Mansfeld beherrscht. Diese schöpften ihre Machtstellung nicht zuletzt aus dem ertragreichen Kupferbergbau, der die Region bis ins 20. Jahrhundert prägte.

Der Name „Mansfeld" steht sowohl für die Stadt, in der eines der ältesten Adelsgeschlechter Mitteldeutschlands seinen Stammsitz hatte und Martin Luther aufwuchs, als auch für die sie umgebende historische Landschaft im Südwesten Sachsen-Anhalts. Letztere ist bis heute auf der politischen Landkarte im Landkreis Mansfeld-Südharz präsent. Dessen Wappen greift die Geschichte des Kreises sinnfällig auf. Neben der Rose für die Kreisstadt Sangerhausen mit ihrem Europa-Rosarium verweisen die übrigen zwei Bestandteile auf die beiden identitätsstiftenden Traditionen: das viergeteilte rot-silberne Wappen auf die Grafschaft Mansfeld und das Dreieck mit dem „Bergmannsgezähe" (Schlägel und Eisen) auf den jahrhundertelangen Bergbau, insbesondere den Abbau von Kupfererz. Für die Einbettung in das landschaftlich reizvolle südöstliche Harzvorland steht die grüne Hintergrundfarbe vor dem weißen Dreieck, das an Abraumhalden erinnert, wie sie ebenfalls zu den markanten Erkennungszeichen der Region gehören.

Die Grafen von Mansfeld verfügten vermutlich ab dem 10. Jahrhundert über die Herrschaft Mansfeld. Im 11. Jahrhundert stiegen sie unter König Heinrich IV. zu Gaugrafen im nördlichen Hassegau auf. 1229 starb das erste Grafengeschlecht aus, an dessen Stelle die Herren von Querfurt als nunmehrige Grafen von Mansfeld traten. Ihre Besitzungen umfassten ein Gebiet, das in etwa dem bis 2007 bestehenden Landkreis Mansfelder Land mit der Kreisstadt Lutherstadt Eisleben entsprach. Lange konnten die Grafen von Mansfeld ihre Besitzungen als reichsunmittelbare Grafschaft behaupten. Sie brachten einige bedeutende Herrscher hervor und bauten sich auch wirtschaftlich eine starke Stellung nicht zuletzt dank des ertragreichen Bergbaus auf. Hiervon zeugt bis heute u.a. ihr namensgebender Stammsitz. Schloss Mansfeld auf dem Burgberg über den Dächern der Stadt bildet einen eindrucksvollen Komplex aus einer mächtigen Festung, einst drei Schlössern und der Schlosskirche. 1580 mussten die Grafen von Mansfeld jedoch die Lehnshoheit ihrer mächtigen Nachbarn anerkennen, des Kurfürstentums Sachsen der Wettiner und des Erzstiftes Magdeburg. 1780 starb das Geschlecht im Mannesstamm aus. Seine Besitzungen fielen nunmehr endgültig an Kursachsen und Preußen, das sich das Erzstift Magdeburg nach dem Dreißigjährigen Krieg einverleibt hatte. 1815 gelangte die gesamte Region in die preußische Provinz Sachsen, aus der 1945 bzw. 1990 zusammen mit Anhalt das heutige Bundesland hervorging.

Die Begehrlichkeiten Kursachsens und Magdeburgs auf die Grafschaft

Wappen des Landkreises Mansfeld-Südharz.

Mansfeld, die dieser schließlich zum Verhängnis wurden, wurzelten insbesondere im Kupferbergbau. Die wettinischen Kurfürsten in Dresden wussten um die hohe wirtschaftliche Bedeutung des Bergbaus, schöpften sie doch selbst seit Jahrhunderten ihren Reichtum besonders aus dem Silberbergbau des Erzgebirges. Um 1200 hatten Goslarer Bergleute bei Hettstedt die ersten Kupfererzvorkommen entdeckt. Das „kupferne Gold“ sollte die Region fortan nachhaltig prägen. Viele Generationen von Unternehmern und Bergleuten, darunter auch Martin Luthers Vater, waren in der Mansfelder Montanwirtschaft tätig. Seit dem 17. Jahrhundert begannen sie, sich in „Gewerkschaften“ zusammenzuschließen, Bergbau-Aktiengesellschaften. Hieraus entstand 1921 die Mansfeld AG mit ihren zahlreichen Bergwerken und Verhüttungsbetrieben rund um Mansfeld, Eisleben und Sangerhausen. In der DDR-Zeit umfasste das mächtige VEB Mansfeld Kombinat „Wilhelm Pieck“ noch weitere Betriebe in anderen Bezirken, darunter auch Silber-, Blei- und Eisenhütten, Aluminiumwerke usw. Allerdings wurde der für die DDR-Wirtschaft unerlässliche Kupferbergbau immer kostspieliger und war mit starken Umweltbelastungen verbunden. So endete 1989/90 mit der Stilllegung der letzten Schächte eine lange Bergbautradition. Sie ist gleichwohl weit über das Wappen des Landkreises hinaus noch immer lebendig. Einige der Anlagen erfreuen sich heute als technische Denkmale und Schaubergwerke wachsender Beliebtheit.

44 Der Luftfahrt-Pionier Hugo Junkers und Dessau

Hugo Junkers gründete 1895 in Dessau ein Gerätebau-Unternehmen, aus dem sich der bedeutendste Flugzeugbauer Deutschlands entwickelte. Hieran erinnert das Technikmuseum „Hugo Junkers", in dem auch der Klassiker Ju 52 zu sehen ist.

Die „Tante Ju" dürfte über den Kreis der Flugzeugexperten hinaus noch immer vielen Menschen ein Begriff sein. Hinter diesem Spitznamen verbirgt sich einer der Klassiker der Luftfahrtgeschichte, die von den Junkerswerken in Dessau gebaute Ju 52. Luftfahrt-Pionier Hugo Junkers baute 1915 mit der J1 das erste einsitzige Ganzmetallflugzeug der Welt, dem 1919 mit der Junkers F13 das erste Ganzmetallflugzeug der zivilen Passagierluftfahrt folgte. 1930 begann mit der einmotorigen Ju 52 die große Erfolgsgeschichte der Fracht- und Passagierflugzeuge. 1932 kam die eigentliche „Tante Ju", die dreimotorige Ju 52 auf den Markt. Zur Unterscheidung nannte man beide Typen jetzt Ju 52/1m und Ju 52/3m. Die große Ju 52 mit ihrer markanten Wellblechbeplankung wurde in zahlreichen Varianten gebaut. Als Passagierflugzeug für 15 bis 17 Passagiere kam sie von 1932 bis in die 1960er-Jahre bei Fluggesellschaften in aller Welt zum Einsatz. Besonders beliebt war sie als geräumiges Frachtflugzeug. Neben der zivilen Nutzung rückte das Flugzeug in der Zeit des Nationalsozialismus zum wichtigsten Lastenträger der Deutschen Luftwaffe und zum Behelfsbomber auf.

Die Anfänge dieser wie in vielen anderen Fällen eng mit der militärischen Ebene verknüpften Unternehmensgeschichte gehen auf die Hochindustrialisierung in der Region Sachsen-Anhalt um 1900 zurück. Im Herzogtum Anhalt entwickelte sich die Hauptstadt Dessau zu einem wichtigen Industriestandort. Wegweisend hierbei war das 1895 von Hugo Junkers gegründete Gerätebau-Unternehmen, aus dem später der führende Flugzeugbauer Deutschlands hervorgehen sollte. Der Sohn eines rheinischen Unternehmers hatte eine gediegene Ausbildung im Maschinebau genossen. 1888 war er nach Dessau gekommen und startete rasch als Unternehmer und innovativer Ingenieur durch. Zunächst machte er sich einen Namen mit der Entwicklung von Motoren und Anlagen wie dem Gasbadeofen bzw. Durchlauferhitzer. Ab 1912 rückte der Flugzeugbau zunehmend in den Mittelpunkt. Aus der Junkers Luftverkehr AG ging 1926 die Deutsche Lufthansa hervor. In der Zeit des Nationalsozialismus gewannen die Junkerswerke für die Aufrüstung hohe strategische Bedeutung. Der liberale Gründer Hugo Junkers, vor 1933 in der Deutschen Demokratischen Partei (DDP) aktiv und eng dem Bauhaus verbunden, wurde aus dem Unternehmen herausgedrängt und starb 1935 in Gauting. So musste er die Luftangriffe im Zweiten Weltkrieg nicht mehr miterleben, die neben großen Teilen der Junkerswerke auch die historische Innenstadt Dessaus weitgehend zerstörten.

Die „Tante Ju“ (Ju 52) im Technikmuseum „Hugo Junkers“ Dessau.

Das 2001 auf dem ehemaligen Firmengelände im Westen der Stadt eröffnete Technikmuseum „Hugo Junkers“ Dessau hält die Tradition der Luftfahrtstadt wach. Rund um die hierfür sanierte Werkshalle finden sich dort noch weitere historische Baulichkeiten aus den 1930er-Jahren, wie das Junkers-Verwaltungshochhaus, der Windkanal sowie die Start- und Landebahn des ehemaligen Werkflugplatzes. Das Museum beschäftigt sich umfassend mit dem Leben und Werk Hugo Junkers, mit dessen Unternehmen und technischen Innovationen samt der Geschichte des Standortes Dessau nach 1945. Natürlich fehlt neben anderen historischen Flugzeugen auch eines der wenigen erhaltenen Exemplare der „Tante Ju“ nicht. Die Bedeutung des legendären Fliegers kommt auch darin zum Ausdruck, dass er nicht nur in den großen Technikmuseen in Deutschland, wie dem Deutschen Museum München, sondern auch in einem guten Dutzend der führenden Museen Europas und Amerikas zu bestaunen ist, darunter im Musée de l’air et de l’espace in Paris-Le Bourget, im Royal Air Force Museum in Cosford/Großbritannien und im National Museum of the United States Air Force in Dayton/USA.

45 Wiege der Moderne
Weltkulturerbe Bauhaus Dessau

Das Bauhaus gilt als Wiege der kulturellen Moderne. In Dessau erlebte die Hochschule von 1925 bis 1932 den Höhepunkt ihrer Wirksamkeit. Erinnerungsorte wie das Hauptgebäude und die Meisterhäuser gehören heute zum UNESCO-Weltkulturerbe.

In Weimar wurde 1919 unter Direktor Walter Gropius das Staatliche Bauhaus gegründet. Jene Hochschule wurde zur „Wiege der Moderne" in Architektur, Kunst und Design. Hierfür konnte Gropius namhafte Vertreter wie Lyonel Feininger, Johannes Itten, Josef Albers, Paul Klee, Wassily Kandinsky, Oskar Schlemmer oder László Moholy-Nagy gewinnen. Zu den Grundideen zählte die Harmonisierung von Kunst und Handwerk sowie eine klare, funktionale Formensprache. Erster Höhepunkt der mit vielen Traditionen brechenden Tätigkeit war die Bauhaus-Ausstellung 1923. Als frühestes Beispiel der schnörkellosen Bauhaus-Architektur gilt das hierfür errichtete Musterhaus „Haus am Horn". Ein langes Bleiben war der Schule in der konservativen Klassikerstadt freilich nicht beschieden. Die politische Rechte verfemte das Bauhaus als „Kulturbolschewismus" und „jüdische Unkultur", sein avantgardistisches Erscheinungsbild tat das seinige. Dagegen konnte auch der große internationale Zuspruch wenig ausrichten. Eine 1924 ins Amt gelangte bürgerlich-konservative Landesregierung in Weimar kürzte die Mittel massiv, worauf die Hochschulleitung Weimar den Rücken kehrte.

1925 fand das Bauhaus in Dessau eine neue Heimstatt, wo es seine größte Wirksamkeit entfaltete. Mit der Novemberrevolution 1918 war auch die Herrschaft der Askanier im Herzogtum Anhalt beendet worden. Im neuen Freistaat Anhalt mit seiner Hauptstadt Dessau herrschte ein liberales Klima. Ganz im Sinne des demokratischen Aufbruchs der Weimarer Republik basierte die von 1919 bis 1932 fast durchgängig von Ministerpräsident Heinrich Deist (SPD) geführte Landesregierung auf gemäßigter Arbeiterschaft und liberalem Bürgertum. Die linksliberale Deutsche Demokratische Partei (DDP) stellte einflussreiche Persönlichkeiten wie den Flugzeugbau-Unternehmer Hugo Junkers aus Dessau. Einer der DDP-Spitzenpolitiker war Dessaus Oberbürgermeister Fritz Hesse. Der erfahrene Liberale hatte 1918 die Führung der Verwaltung in seiner Vaterstadt übernommen und gehörte 1919 zu den Abgeordneten der Weimarer Nationalversammlung. Hesse war es wesentlich zu verdanken, dass das Bauhaus unter Gropius 1925 nach Dessau übersiedelte. Er ließ sich auch von den Turbulenzen an der Hochschule und der zunehmenden Ablehnung in der Bevölkerung unter den Direktoren Hannes Meyer (1928–1930) und Ludwig Mies van der Rohe (1930–1933) nicht beirren. Erst als die NSDAP 1931 die Dessauer Kommunalwahl und 1932 die Landtagswahl in Anhalt gewann, sah sich das Bauhaus zum

Hauptgebäude des Bauhauses Dessau.

Umzug nach Berlin gezwungen. Dort musste es sich wenig später auf Druck der Nationalsozialisten 1933 selbst auflösen.

Umso beachtlicher ist es, was das Bauhaus in den sieben Jahren in Dessau geschaffen hat. Hier entstanden nicht nur zahlreiche Publikationen, Kunstwerke und Klassiker des Designs wie die als erste „Freischwinger" von Marcel Breuer entworfenen Stahlrohrstühle. Anders als in Weimar hat sich das Bauhaus im Dessauer Stadtbild nachhaltig architektonisch verewigt. Zum UNESCO-Weltkulturerbe zählen das nach Plänen von Walter Gropius 1926 eingeweihte Hauptgebäude als „Schlüsselwerk der europäischen Moderne", die gleichzeitig errichteten Meisterhäuser und die Laubenganghäuser als Muster für modernes Wohnen. Letztere entstanden in der von Gropius 1926/29 angelegten Siedlung Dessau-Törten, der ersten komplexen Umsetzung des Bauhausgedankens im Städtebau. Weitere bedeutende Bauwerke sind das ehemalige Arbeitsamt (1929) und die Ausflugsgaststätte „Kornhaus" (1930) an der Elbe. Im 100. Jubiläumsjahr 2019 bekam Dessau ein neues Bauhaus-Museum im Stadtzentrum. Dort kann erstmals die Sammlung der Stiftung Bauhaus Dessau, mit rund 49.000 Exponaten die zweitgrößte Bauhaus-Sammlung weltweit, großzügig der Öffentlichkeit präsentiert werden.

46 Das siebte Kreuz
Widerstand im Nationalsozialismus

Zum Widerstand gegen den Nationalsozialismus gehörte der Dessauer Sozialdemokrat Gerhart Seger, dessen Flucht aus dem KZ Oranienburg als Anregung für Anna Seghers berühmten Roman „Das siebte Kreuz" diente.

Die Region Sachsen-Anhalt spielte in der Zeit des Nationalsozialismus politisch eine eher untergeordnete Rolle. Ab 1925 bzw. 1927 war sie in die NSDAP-Gaue Halle-Merseburg und Magdeburg-Anhalt mit Sitz in Halle und Dessau untergliedert. Auch die Ankoppelung der NS-Herrschaft an regionale Identitäten, wie sie etwa in den Gauen Thüringen und Sachsen erfolgreich praktiziert wurde, war hier nicht in diesem Maße möglich. Als „Vorreiter der Bewegung" durfte man sich ebenfalls nicht fühlen, auch wenn in Anhalt 1932 eine der ersten NSDAP-geführten Landesregierungen ihr Amt angetreten hatte. In Magdeburg behinderte lange die

starke Stellung der SPD und der Deutschnationalen mit den Reichszentralen ihrer Schutzbünde „Reichsbanner Schwarz-Rot-Gold" und „Stahlhelm" die Entfaltung der NSDAP. Deshalb war die Gauleitung auch in Dessau angesiedelt. Im Raum Halle wiederum besaßen die Kommunisten und der rechte Flügel des „Stahlhelms" eine ihrer Hochburgen.

Der Errichtung des Terrorregimes der Nationalsozialisten ab 1933 tat dies aber keinen Abbruch. Bei der Unterdrückung der politischen Linken ging man umso brutaler vor, gipfelnd im „Blutsonntag" von Eisleben am 12. Februar 1933 mit der Zerschlagung einer KPD-Versammlung mit vielen Todesopfern. Zu den Insassen provisorischer Konzentrationslager gehörten prominente Politiker wie Magdeburgs Oberbürgermeister Ernst Reuter (SPD), später Regierender Bürgermeister von Westberlin. Die spektakuläre Flucht des Dessauer SPD-Reichstagsabgeordneten und Zeitungsredakteurs Gerhart Seger aus dem Konzentrationslager Oranienburg gehörte mit zu den Anregungen für Anna Seghers erfolgreichen und vielfach künstlerisch aufgegriffenen Roman „Das siebte Kreuz" (1942). Der 1935 in die USA emigrierte Seger hatte den ersten weltweit aufsehenerregenden Bericht über das KZ-System veröffentlicht. Andere führende Persönlichkeiten wurden unter Gewaltandrohung aus ihren Ämtern gedrängt, wie der liberale Landeshauptmann der Provinz Sachsen Erhard Hübener, nach 1945 erster Ministerpräsident von Sachsen-Anhalt.

Die Verfolgung des linken Widerstandes, aber auch von kritischen Vertretern anderer politisch-gesellschaftlicher Gruppen wie der evangelischen Bekennenden Kirche zog sich bis zum Kriegsende hin. So wurde der Theologe Dietrich Bonhoeffer, an den das Ferienhaus der Familie Bonhoeffer in Friedrichsbrunn bei Thale erinnert, 1943 verhaftet und am 9. April 1945 hingerichtet. Beim Terror gegen die Juden tat sich besonders Gauleiter Rudolf Jordan in Dessau hervor. Im „Euthanasie"-Programm gehörte die Landes-Heil- und Pflegeanstalt Bernburg zu den zentralen Tötungseinrichtungen behinderter Menschen, woran heute eine Gedenkstätte erinnert.

Die strategisch bedeutsame Industrieregion Sachsen-Anhalt wurde im Zweiten Weltkrieg (1939–1945) schwer in Mitleidenschaft gezogen. Die angloamerikanischen Bomberangriffe kosteten Zehntausenden Menschen das Leben. Als Ziel dienten neben Wirtschaft und Infrastruktur auch die Stadtzentren und Wohngebiete. Großstädte wie Magdeburg und Dessau, aber auch kleinere Städte wie Halberstadt, Zerbst und Merseburg büßten 1944/45 einen Großteil ihrer historischen Stadtstruktur ein. Andererseits kamen selbst Großstädte wie Halle vergleichsweise glimpflich davon. Die Zusammenstöße zwischen der Wehrmacht und der Anfang April 1945 von Westen einrückenden US-Armee kosteten noch einmal zahlreiche Menschenleben. Die erbitterten Kämpfe, besonders um die Elbe-Überquerung, dauerten bis kurz vor Kriegsende am 8. Mai 1945. Magdeburg erlitt bei der militärischen Einnahme weitere schwere Zerstörungen, während in Halle dank mutiger Bürger die kampflose Übergabe gelang.

‹ Gedenktafel für Gerhart Seger am Druckhaus des „Volksblattes" in Dessau.

47 Welt der Kunststoffe
Chemiedreieck Leuna-Buna-Bitterfeld

Die Chemische Industrie sollte der DDR „Brot, Wohlstand und Schönheit" bringen. Hierfür wurde das „Chemiedreieck" Leuna-Buna-Bitterfeld im „Chemiearbeiterbezirk" Halle ab den 1950er-Jahren massiv ausgebaut.

In den 1950er-Jahren rückte die Chemische Industrie in der DDR in den Blickpunkt der SED-Führung unter Walter Ulbricht. Der V. Parteitag 1958 stellte neue wirtschaftspolitische Weichen, worauf in den Leuna-Werken eine wegweisende „Chemiekonferenz" stattfand. Das dort verabschiedete „Chemieprogramm" setzte sich eine Verdoppelung der Produktion bis 1965 in Abstimmung mit den sozialistischen „Bruderstaaten" unter Führung der Sowjetunion zum Ziel. Das Motto „Chemie gibt Brot, Wohlstand und Schönheit" wurde DDR-weit propagiert. Mit dem Programm sollte die DDR-Wirtschaft stabilisiert und vom „Westen" unabhängig gemacht werden. Zugleich galt es frei nach Walter Ulbricht, den Lebensstandard in der Bundesrepublik zu überholen, ohne ihn einzuholen.

Insbesondere der „Chemiearbeiterbezirk" Halle mit dem „Chemiedreieck" Leuna-Buna-Bitterfeld wurde von der staatlichen Planwirtschaft massiv gefördert. Die Chemische Industrie sollte nach dem Maschinenbau, dessen Schwerpunkt im Bezirk Magdeburg lag, zum zweitgrößten Industriesektor der DDR werden. Für die Tausenden von Arbeitern schuf man sogar ab 1964 eigens die sozialistische Vorzeigestadt Halle-Neustadt. Weit über die Giganten Leuna, Buna und Bitterfeld hinaus fanden sich wichtige Unternehmen der Branche im Bezirk Halle, wie das Hydrierwerk Zeitz, die ORWO-Filmfabrik Wolfen (ORWO = „Original Wolfen"), das Stickstoffwerk Piesteritz bei Wittenberg und das Gipsschwefelsäurewerk Coswig.

Der größte Chemiebetrieb war mit bis zu 30.000 Werktätigen der VEB Leuna-Werke „Walter Ulbricht" südlich von Merseburg. 1916 als BASF-Ammoniakwerk gegründet, wurde dort in der Zeit des Nationalsozialismus synthetischer Treibstoff aus Kohle produziert. In der DDR-Zeit stand die Herstellung petrochemischer Rohstoffe und Treibstoffe im Mittelpunkt. Die Buna-Werke in Schkopau nördlich von Merseburg wurden 1936 als weltweit erster Hersteller von Synthesekautschuk in Betrieb genommen. Als VEB Chemische Werke Buna standen sie unter dem Slogan „Plaste und Elaste aus Schkopau" synonym für die Kunststoffherstellung mit ihren zahllosen Produkten. Das VEB Chemiekombinat Bitterfeld schließlich deckte ab 1969 durch die Fusion von Elektrochemischem Kombinat Bitterfeld und der 1896 von der Agfa gegründeten Farbenfabrik Wolfen mit zahlreichen weiteren Betrieben des ganzen Landes eine weite Produktpalette ab. Es galt nicht zuletzt als „Apotheke der DDR".

Die Chemische Industrie, die die hohen Erwartungen der SED nie erfüllen konnte, hatte freilich auch ihre Schatten-

Blick über das ehemalige Buna-Werk.

seiten. Allen voran Bitterfeld mit seinem Chemiekombinat, mit Braunkohletagebauen und Kraftwerken stand für Mangelwirtschaft und Umweltzerstörung. Die Schriftstellerin Monika Maron hat mit ihrem Roman „Flugasche", 1981 in der Bundesrepublik erschienen, diesen weitgehend tabuisierten Umstand literarisch festgehalten. Sie verarbeitet dort eigene Erfahrungen als Journalistin in Bitterfeld. Angesprochen werden das angepasste Verhalten vieler DDR-Bürger, die wirtschaftlichen Probleme, der Umgang mit der Umweltverschmutzung bis hin zur strikten Zensur und nicht zuletzt die Bespitzelung durch das Ministerium für Staatssicherheit, die „Stasi". 1988 siedelte die Schriftstellerin, die in der DDR nicht mehr publizieren durfte, in die Bundesrepublik über.

Die Entwicklungen im Chemiedreieck nach 1990 wurden charakterisiert durch den Verlust Tausender Arbeitsplätze und den Rückbau vieler der technisch überholten Anlagen. Andererseits entstanden teils durch große multinationale Konzerne moderne neue Unternehmen, die die Chemische Industrie als wichtigen Faktor der Wirtschaft Sachsen-Anhalts erhalten haben. Die Standorte Schkopau-Merseburg-Leuna und Bitterfeld-Wolfen, bestens vernetzt mit den Metropolen Halle und Leipzig, sind längst keine gefürchteten „Dreckschleudern" mehr. Nicht zuletzt hat sich das einstige Sinnbild des Umweltfrevels, die heutige Stadt Bitterfeld-Wolfen, zu einer lebenswerten Kommune inmitten der renaturierten Braunkohlelandschaft um den Großen Goitzschesee gewandelt.

48 Sozialistische Musterstadt
Das Plattenbaugebiet Halle-Neustadt

1964 begann der Bau der „Chemiearbeiterstadt" Halle-Neustadt für die Großbetriebe Leuna und Buna. Jenes wohl bekannteste Plattenbaugebiet der DDR für mehr als 90.000 Einwohner hat sich nach 1990 deutlich gewandelt.

Halle-Neustadt, im Volksmund kurz „Ha-Neu" genannt, ist das wohl bekannteste Plattenbaugebiet der DDR. Mit der „Platte", industriellem Wohnungsbau mit vorgefertigten Betonbauteilen, sollte seit den 1960er-Jahren der Wohnungsmangel in der DDR als Teil der SED-Sozialpolitik behoben werden. Während viele Stadtkerne zunehmend dem Verfall preisgegeben waren, entstanden auf der „grünen Wiese" jene Trabantenstädte mit ihren eintönigen Betonfassaden. Je nach Wohnungsbau-Kombinat etwas variierend, bestanden sie im Wesentlichen aus meist fünfgeschossigen Wohnhäusern, elfgeschossigen „Wohnscheiben" und 16-geschossigen „Punkthochhäusern". Die größten dieser Neubaugebiete entstanden in den seinerzeit drei Großstädten der Bezirke Magdeburg und Halle. In Magdeburg und Dessau, wo man auch in den kriegszerstörten Innenstädten zahlreiche Plattenbauten errichtete, lebte schließlich rund die Hälfte der Einwohner in der „Platte". Viele DDR-Bürger empfanden die eigenen vier Wände mit Fernheizung und Balkon angesichts der Wohnungsnot und oft problematischen Bedingungen in den Altbaugebieten als ausgesprochenen Glücksfall – auch wenn das Umfeld von der Verkehrsinfrastruktur bis hin zu den Wohngebietszentren mit Kaufhalle, Gastronomie und Poliklinik oft noch über Jahre hinterherhinkte.

Auch in der Bezirksstadt Halle, der größten Stadt des heutigen Sachsen-Anhalts, entstanden vor allem im Süden solche Plattenbaugebiete. Eine Sonderstellung nimmt jedoch besagtes Halle-Neustadt im Westen jenseits der Saale ein. Eine Konferenz des Zentralkomitees der SED im Jahr 1958 beschäftigte sich mit dem „Chemieprogramm der DDR". Die chemische Industrie sollte als eine der Schlüsselindustrien der Zukunft besonders im „Chemiedreieck" Leuna-Buna-Bitterfeld ausgebaut werden. Für die Tausenden von Beschäftigten sollte hierfür eine moderne sozialistische „Chemiearbeiterstadt" geschaffen werden. Nach eingehender Standortsuche entschied sich das Politbüro der SED 1963 für Halle-Neustadt. Ein Jahr später legte SED-Bezirkssekretär Horst Sindermann, später Vorsitzender des Ministerrates und Volkskammer-Präsident, den Grundstein. Es entstand bis in die 1980er-Jahre eine seit 1967 eigenständige Stadt für mehr als 90.000 Einwohner mit großzügigem Zentrum, sozialen und Freizeiteinrichtungen, S-Bahn-Anschluss und Umgehungsstraße. Freilich verbreitete „Ha-Neu" auch jene typische architektonische Eintönigkeit, zu der die mit Ausnahme von Hauptstraßen wie der zentralen „Magistrale"

Blick über die Dächer von Halle-Neustadt.

durchnummerierten Straßen ohne Namen beitrugen.

Nach 1989/90 hat Halle-Neustadt viele der für den Osten Deutschlands typischen Entwicklungen durchlaufen. Die Einwohnerzahl schrumpfte von 90.000 auf 45.000, wozu die Abwanderung sowohl in den Westen als auch in andere Stadtteile Halles beitrug. Viele Wohnblöcke wurden im Rahmen des Projektes „Stadtumbau Ost" abgerissen. Andererseits bietet diese Entwicklung auch Chancen für eine Erneuerung der einstigen „Chemiearbeiterstadt", die seit 1990 wieder ein Stadtteil von Halle ist. Die meisten Gebäude sind mittlerweile saniert und die Straßen erhielten Namen. Durch den schrittweisen Anschluss an das Hallesche Straßenbahnnetz von 1998 bis 2006 wurde die Anbindung an den öffentlichen Nahverkehr verbessert. Im Stadtteilzentrum an der Neustädter Passage entstanden eine moderne Einkaufspassage mit Multiplex-Kino und ein Hotel. Im Zuge der Internationalen Bauausstellung „Stadtumbau 2010" widmete man sich dem Balanceakt „Doppelstadt" von Halle und Halle-Neustadt mit Projekten wie einer Skateranlage, der Neugestaltung des Platzes Am Tulpenbrunnen und einer „Grünen Galerie". Vom Rande her entstanden sogar wieder neue Wohnsiedlungen, wie im Süden um das einstige Gut Passendorf und im Norden die Siedlung Heide-Süd an der nahen Dölauer Heide, verbunden durch eine großzügige Parklandschaft. Die „Platte" ist also offenbar besser als ihr Ruf, nicht nur in Halle-Neustadt.

49 Der Bitterfelder Weg
Arbeiterkultur in der DDR?

1959 wurde im Kulturhaus Bitterfeld die stärkere Einbeziehung der Arbeiter in die Kultur, insbesondere in die Literatur beraten. Jener „Bitterfelder Weg" endete zwar in der Sackgasse, dennoch entstanden wichtige Werke.

Am 24. April 1959 fand im Kulturhaus des Chemiekombinates Bitterfeld eine für die DDR-Kulturpolitik wegweisende Veranstaltung statt. Eine Autorenkonferenz des Mitteldeutschen Verlages aus Halle wollte nach sowjetischem Vorbild darüber beraten, wie Arbeitern der Zugang zu Kunst und Kultur erleichtert werden könne. Um die Arbeiterklasse noch intensiver am Aufbau des Sozialismus zu beteiligen, sollte die „bürgerliche" Hochkultur, allen voran die Literatur, hierfür nutzbar gemacht werden. Zum einen sollten Schriftsteller in den Fabriken arbeiten und sich die Lebenswelt des Arbeiters lebendig erschließen. Zum anderen galt es, die Arbeiter selbst zu künstlerischer Tätigkeit zu ermuntern. Das von SED-Parteichef Walter Ulbricht verkündete Motto hierfür lautete: „Greif zur Feder, Kumpel, die sozialistische deutsche Nationalkultur braucht dich!"

So war auch der Veranstaltungsort kein Zufall. Der neoklassizistische Kulturpalast war 1954 wie viele ähnliche Kulturhäuser inmitten des großen Werksgeländes eingeweiht worden.

Die als „Bitterfelder Weg“ in die Geschichte eingegangene Initiative endete freilich in der Sackgasse. Trotz Förderung der Laienkunst, etwa durch regelmäßige Arbeiterfestspiele, blieb der Ertrag begrenzt. Der prominente Dichter Kurt Barthel („KuBa“) hatte schon gegenüber dem SED-Kulturfunktionär des Bezirkes Halle und späteren DDR-Kulturminister Hans Bentzien in Bitterfeld wenig euphorisch gemutmaßt: „Das wird ein bitterer Feldweg werden.“ Zugleich war das Interesse der großen Literaten an Erfahrungen in der Produktion eher überschaubar. Wie auch immer man die Initiative also beurteilen mag, die SED-Kulturpolitik blieb bis zum Ende der DDR bei allem Wechsel von Tauwetter und Eiszeiten vom Führungsanspruch der Partei geprägt. Wer sich dem nicht beugte und zu kritische Töne anschlug, hatte mit ernsthaften Konsequenzen zu rechnen. So erging es 1976 Liedermacher Wolf Biermann, der während eines Konzertes in der Bundesrepublik ausgebürgert wurde. Die Biermann-Ausbürgerung war ein nachhaltiges Signal an die Kulturszene, das bei vielen die Zweifel am „real existierenden Sozialismus“ der DDR nährte.

Die restriktive Kulturpolitik verhinderte aber keineswegs, dass in dem kleinen abgeschotteten Land durchaus große Kultur hervorgebracht wurde, die sich um die Lebenswelt der Arbeiter drehte. Eine der bekanntesten deutschen Nachkriegserzahlungen spielt nur wenige Kilometer entfernt von Bitterfeld in dessen Bezirksstadt Halle. Christa Wolf entwirft in „Der geteilte Himmel“ (1963), erschienen im Mitteldeutschen Verlag, ein realistisches Bild der DDR mit ihren Problemen in Wirtschaft und Versorgung. Mit der Liebesgeschichte von Rita und Manfred, einer angehenden Lehrerin und einem am Ende in den Westen flüchtenden Chemie-Ingenieur, bleibt sie aber dem sozialistischen Deutschland verbunden. So fand auch ein Jahr später die Verfilmung von DEFA-Regisseur Konrad Wolf im In- und Ausland Anerkennung. Ganz anders erging es dem Film von Frank Beyer „Spur der Steine“ (1966) nach dem Erfolgsroman von Erik Neutsch (1964), der ebenfalls im Mitteldeutschen Verlag erschienen war. Der Film wurde am Vorabend der 8. Arbeiterfestspiele der DDR uraufgeführt und lief in den Kinos an, ehe er plötzlich wegen „antisozialistischer Tendenzen“ auf den Index geriet. Die Geschichte von Zimmermanns-Brigadier Hannes Balla alias Manfred Krug auf der fiktiven Großbaustelle Schkona, die auf das Chemiedreieck um Schkopau und Leuna anspielt, übte zu starke Kritik an der DDR-Planwirtschaft und an der Staatspartei SED. Auch die Liebesbeziehung eines verheirateten Parteisekretärs mit einer jungen Bauleiterin war nach dem „Kahlschlag-Plenum“ der SED 1965 mit Wortführer Erich Honecker, das zu einer erneuten Eiszeit in der Kulturpolitik führte, nicht mehr hinnehmbar.

Kulturpalast in Bitterfeld.

50 Europapokalsieger und Meister
Fußballland Sachsen-Anhalt

Die traditionsreichen Fußballclubs aus Magdeburg und Halle können auf zahlreiche Erfolge zurückblicken. Der Gewinn des Europapokals durch den 1. FC Magdeburg 1974 war der Höhepunkt eines „Goldenen Jahrzehnts".

Am 8. Mai 1974 konnten die Fußballfreunde in der DDR den größten Erfolg ihrer Kicker bejubeln. Im Finale des Europapokals der Pokalsieger im Rotterdamer Stadion De Kuip bezwang der 1. FC Magdeburg den AC Mailand mit Trainerlegende Giovanni Trapattoni. Für die von Heinz Krügel trainierten Magdeburger erzielte Wolfgang „Paule" Seguin in der 74. Minute das entscheidende 2:0, nachdem zuvor ein Eigentor der Italiener in der 40. Minute den Weg Richtung Triumph geebnet hatte. Dies war der erste und einzige Europapokalsieg einer DDR-Mannschaft. Zuvor hatte der FCM auf dem Weg ins Finale NAC Breda, Baník Ostrava, Beroe Stara Sagora und Sporting Lissabon besiegt. In der Mannschaft der Blau-Weißen war auch Stürmer Jürgen Sparwasser, der wenig später bei der einzigen Teilnahme der DDR-Nationalmannschaft an einer Weltmeisterschaft am 22. Juni in Hamburg das 1:0-Siegtor gegen den späteren Weltmeister Bundesrepublik Deutschland um „Kaiser" Franz Beckenbauer erzielte.

Der Europapokalsieg war der Höhepunkt im „Goldenen Jahrzehnt" der 1970er-Jahre, in dem der FCM neben Dynamo Dresden den DDR-Fußball dominierte. Dreimal setzten sich die Magdeburger die Meister-Krone auf: 1972, 1974 und 1975; gleich siebenmal gewannen sie zwischen 1964 und 1983 den FDGB-Pokal, das Pendant zum westdeutschen DFB-Pokal. Selbst für DDR-Verhältnisse ungewöhnlich war es dabei, dass fast alle Spieler aus der Region stammten, aus dem Bezirk Magdeburg. Zu den Idolen dieser Epoche gehören neben Seguin und Sparwasser u.a. der von den Fans zum „besten FCM-Spieler aller Zeiten" gewählte Wolfgang Steinbach und Torschützenkönig Joachim Streich.

Der Magdeburger Fußball reicht freilich wie in vielen anderen Städten des Landes weit über die Gründung des FCM bis ans Ende des 19. Jahrhunderts zurück. Aus bürgerlichen Vereinen wie FC Viktoria, FuCC Cricket-Victoria und SC Preußen wurden nach 1945 in der Sowjetischen Besatzungszone bzw. DDR staatlich gelenkte Betriebssportgemeinschaften (BSG) und Sportclubs. Nach zahlreichen Umbenennungen trat schließlich am 22. Dezember 1965 der 1. FC Magdeburg als einer der gezielt geförderten Fußballclubs unter Auskoppelung aus dem SC Aufbau Magdeburg ins Leben. Potenter Trägerbetrieb des Clubs war über Jahrzehnte das Schwermaschinenbau-Kombinat „Ernst Thälmann" (SKET), Herzstück des „Maschinenbau-Bezirks" Magdeburg.

Der große Rivale in der Region war und ist der am 26. Januar 1966 aus dem SC Chemie Halle heraus gegründete

Die Spieler des 1. FC Magdeburg (links Jürgen Sparwasser) nach dem Gewinn des Europapokals am 8. Mai 1974 in Rotterdam.

Hallesche FC Chemie, der heutige HFC. Dessen Traditionslinie führt bis zum Halleschen FC Wacker 1900 zurück, der zu den erfolgreichsten Mannschaften Mitteldeutschlands gehörte. Als ZSG Union Halle bzw. BSG Turbine Halle errangen die Kicker von der Saale 1949 und 1952 mit dem Ostzonen- bzw. DDR-Meistertitel ihre größten Erfolge. Als SC Chemie Halle folgte 1956 und 1962 noch der zweimalige Gewinn des FDGB-Pokals, dreimal nahm der HFC am Europapokal teil (1962, 1971, 1991). Die Trägerbetriebe der Rot-Weißen stammten aus der Chemischen Industrie, die den „Chemiearbeiterbezirk" Halle mit dem Chemiedreieck Leuna-Buna-Bitterfeld prägte.

Zeitweise gehörten der DDR-Oberliga mit Lok Stendal, Waggonbau/Motor Dessau, Stahl Thale, Fortschritt Weißenfels, Chemie Zeitz und Chemie Buna Schkopau weitere Mannschaften aus den Bezirken Magdeburg und Halle an, ohne in ihrer Bedeutung dauerhaft an die geförderten Clubs in den Bezirksstädten heranreichen zu können. Nach 1990 im vereinten Deutschland ins kalte Wasser des Profifußballs geworfen, mussten der FCM und HFC wie viele DDR-Traditionsclubs erheblich Lehrgeld zahlen und über Jahre in unteren Ligen kicken. Mittlerweile sind die beiden Großstädte Sachsen-Anhalts mit ihren modernen Stadien jedoch wieder auf der gesamtdeutschen Fußball-Landkarte präsent.

51 Rund um den Blocksberg
Der sagenhafte Harz

Der Harz ist das wohl sagenumwobenste deutsche Gebirge. Seinen höchsten Gipfel, den Brocken, hat Goethe im „Faust" als „Blocksberg" weltberühmt gemacht. Heute zählt der Harz zu den beliebtesten Tourismusregionen Deutschlands.

Der Harz ist das wohl sagenumwobenste Gebirge Deutschlands, das von zahllosen Künstlern als Motiv aufgegriffen wurde. Das gilt allen voran für seine höchste Erhebung, den Brocken (1.141 m). Der lange in den dichten Wäldern des Harzes weitab gelegene „Blocksberg" mit seiner extremen Witterung galt seit dem Mittelalter als schauerlicher Treffpunkt von Geistergestalten. Im Zuge des Hexenglaubens machte ihn der Volksmund im 16. Jahrhundert zum Versammlungsort der Hexen, die sich hier zum Hexensabbat vorzugsweise in der Walpurgisnacht vom 30. April auf den 1. Mai trafen. Zum Sagenkreis um den Brocken gehören auch die Erhebungen Hexentanzplatz und Rosstrappe am Ausgang des wildromantischen Bodetals bei Thale. Johann Wolfgang von Goethe hat dem Brocken das bekannteste literarische Denkmal gesetzt. Er lässt in seinem Klassiker „Faust. Der Tragödie erster Teil" (1808) Heinrich Faust und Mephisto in der Walpurgisnacht an einem freizügigen Hexentanz teilnehmen, während der Teufel auf dem Blocksberg Hof hält. Auch Heinrich Heines romantisch-ironischer Reisebericht „Die Harzreise" (1826) gipfelt wie viele weitere Erzählungen, Dichtungen und Sagensammlungen buchstäblich auf dem Brocken. Diese große historisch-kulturelle Bedeutung erklärt auch, warum der legendäre Blocksberg 1989/90 zu einem der Symbolorte der deutschen Wiedervereinigung wurde – war er doch während der Teilung seit 1961 wie das gesamte DDR-Grenzgebiet mitten durch den Harz gesperrt gewesen.

Das nördlichste Mittelgebirge Deutschlands befindet sich heute im Wesentlichen auf dem Gebiet Sachsen-Anhalts im Osten und Niedersachsens im Westen. Den Kern des von dichten Wäldern, tief eingeschnittenen Flusstälern und Stauseen charakterisierten Naturraumes bildet der seit 2006 länderübergreifende Nationalpark Harz rund um den Brocken. Mit den ersten Brockenbesteigungen im 15. Jahrhundert wurde der Harz, dessen Name auf „Hart" für „Bergwald" zurückgeht, allmählich für die Menschen aus nah und fern interessant. Der Tourismus im engeren Sinne setzte im 19. Jahrhundert ein. Ein wichtiger Meilenstein war hierbei die Inbetriebnahme der Harzer Schmalspurbahnen, bis heute wichtiges Verkehrsmittel und Tourismusattraktion zugleich. Die Harzquerbahn verbindet seit 1899 die Städte Wernigerode, Quedlinburg und Nordhausen mit dem Brocken sowie traditionsreichen Ferienorten wie Elend, Schierke, Benneckenstein, Harzgerode und Hasselfelde. In der DDR-Zeit wurde

Das Gipfelplateau des Brockens ragt über die bewaldeten Höhen des Harzes.

der Fremdenverkehr mit teils rigiden Enteignungsaktionen in die staatlich gelenkten Strukturen der Planwirtschaft überführt bzw. von der Gewerkschaft FDGB mit eigenen Ferienheimen betrieben. Die deutsche Teilung machte beliebte Ziele wie den Brocken und den Westharz unerreichbar.

Nach 1990 blühte der Harz im Rahmen der Wiedervereinigung erneut als zugkräftige moderne Tourismusregion auf. Zu deren Attraktivität tragen natürlich auch die vielen Anziehungspunkte des unmittelbaren Vorlandes bei. Im Landkreis Harz sind dies u.a. die malerischen Fachwerkstädte Wernigerode und Quedlinburg mit seinen UNESCO-Weltkulturerbestätten, die „Wiege Anhalts“ Ballenstedt mit der Grablege Albrechts des Bären, Gernrode mit seiner romanischen Stiftskirche, die Burg Falkenstein, auf der vermutlich der Sachsenspiegel entstand, sowie nicht zuletzt die Kreisstadt Halberstadt mit ihrem mächtigen Dom samt Domschatz und dem Gleimhaus. Südlich schließen sich im Landkreis Mansfeld-Südharz insbesondere Erinnerungsorte an die Reformations- und Bauernkriegszeit an, wie Thomas Müntzers Geburtsort Stolberg, sein Wirkungsort Allstedt sowie die Lutherstädte Mansfeld und Eisleben.

52 Ein neues Land
Die Entstehung Sachsen-Anhalts

1945 trat das Land Sachsen-Anhalt ins Leben, dessen erster Ministerpräsident Erhard Hübener wurde. 1952 schon wieder in die DDR-Bezirke Halle und Magdeburg aufgeteilt, wurde Sachsen-Anhalt 1990 Teil des vereinten Deutschlands.

Seit dem Wiener Kongress 1815 bestand das Gebiet Sachsen-Anhalts im Wesentlichen aus der preußischen Provinz Sachsen mit der Hauptstadt Magdeburg und dem Herzogtum bzw. Freistaat Anhalt mit der Hauptstadt Dessau. Mit der Novemberrevolution 1918 und dem Ende der Monarchien setzten Neugliederungspläne für Deutschland ein, die als Reichsreformdebatten in die Geschichte eingegangen sind. Mitteldeutschland stand hierbei besonders im Fokus. Einige der in den 1920er-Jahren kontrovers diskutierten Vorschläge nahmen dabei die heutige Situation bereits voraus. So plädierte der Landeshauptmann der Provinz Sachsen Ehrhard Hübener 1929 für die drei Länder Sachsen, Sachsen-Anhalt und Thüringen innerhalb eines engeren regionalen Verbundes.

Letztlich war es vor allem die Haltung der preußischen Landesregierung in Berlin, die die weitgespannten Projekte, aber auch kleinere Gebietskorrekturen verhinderte. Es kam zu keiner Umgestaltung der föderalen Struktur Deutschlands. Die immer wieder die Gemüter erhitzenden Debatten wurden nach der „Machtergreifung" der Nationalsozialisten 1933 von Adolf Hitler eingefroren, da man das erhebliche Konfliktpotenzial beseitigen wollte. Mit dem Ende des Zweiten Weltkrieges 1945 und der faktischen Auflösung Preußens schufen die Besatzungsmächte dann erstmals ein weitgehend dem heutigen Bundesland entsprechendes Land aus der ehemaligen Provinz Sachsen (ohne den Regierungsbezirk Erfurt) und dem Land Anhalt.

Damit schlug erneut die Stunde des Erhard Hübener. Von 1924 bis 1933 hatte der liberale Verwaltungsexperte als Landeshauptmann der Verwaltung der Provinz Sachsen vorgestanden. Von den Nationalsozialisten aus dem Amt gedrängt, verkörperte er nun eine unbelastete Führungspersönlichkeit. 1945 beriefen ihn die Amerikaner erneut zum Landeshauptmann, wenig später die nachgerückten Sowjets zum Präsidenten der Provinz Sachsen-Anhalt, die 1947 in Land Sachsen-Anhalt umbenannt wurde. 1946 wählten seine liberale LDPD und die CDU Hübener im Landtag zum einzigen nicht der SED angehörenden Ministerpräsidenten in der Sowjetischen Besatzungszone und späteren DDR. Dieses Amt übte er als den SED-Machthabern zunehmend unbequemer, liberal-demokratische Überzeugungen offen vertretender Landesvater bis 1949 aus.

1952 wurden die Länder im Zuge der Einführung des „demokratischen Zentralismus" mit einer straffen Zentralisierung der DDR aufgelöst. Das von Hübener wesentlich mitgeprägte Sachsen-Anhalt

Wappen des Bundeslandes Sachsen-Anhalt.

wurde in die Bezirke Halle und Magdeburg aufgeteilt. Die Friedliche Revolution in der DDR vom Herbst 1989 ließ die Länder jedoch zurückkehren, und mit der deutschen Wiedervereinigung am 3. Oktober 1990 ging schließlich das Bundesland Sachsen-Anhalt aus den beiden Bezirken hervor. Der Bezirk Halle hatte zuvor den Kreis Artern an Thüringen abgegeben und dafür den Kreis Jessen aus Brandenburg hinzubekommen. Bei der Hauptstadt-Frage kam es zu emotionalen Debatten, ehe sich Magdeburg gegen Halle durchsetzen konnten. Von 1945 bis 1952 hatte das im Krieg weniger stark zerstörte Halle als Landeshauptstadt fungiert.

Das heutige Landeswappen hält die historischen Bestandteile Sachsen-Anhalts als „Stenogramm der Geschichte" fest. Im Gesetz über die Hoheitszeichen von 1991 heißt es in korrekter Heraldiker-Sprache: „Das Landeswappen zeigt im geteilten Schild, oben neunmal geteilt, die Farben Gold über Schwarz, schrägrechts belegt mit einem grünen Rautenkranz sowie links – in Höhe der oberen fünf Teilungen – im silbernen Freifeld einen schwarzen Adler mit goldener Bewehrung und roter Zunge. Das untere Feld zeigt in Silber einen schreitenden schwarzen Bären auf einer schwarzgefugten roten Zinnenmauer mit offenem Tor." Der Rautenkranz oben erinnert an die lange Zugehörigkeit großer Teile im Süden zu Sachsen, die dann in der gleichnamigen preußischen Provinz aufgingen. Für Preußen selbst, mit der Altmark seit dem Mittelalter im Norden vertreten, steht der schwarze Adler. Der askanische Bär schließlich verkörpert Anhalt.

53 Das Wasserstraßenkreuz Magdeburg und der Mittellandkanal

Die Elbe ist seit jeher eine wichtige Verkehrsader der Handelsstadt Magdeburg, 1938 kam mit dem Mittellandkanal eine zweite hinzu. Jener längste Kanal Deutschlands wurde 2003 mit dem Wasserstraßenkreuz Magdeburg abgeschlossen.

Die Stadt Magdeburg zählte im Mittelalter und in der Frühen Neuzeit zu den größten und wichtigsten Handelsstädten des Deutschen Reiches. Allen voran der Getreidehandel im fruchtbaren Mittelelberaum machte die Bürgerschaft der mauerumwehrten Metropole mit ihren bis zu 30.000 Einwohnern reich. Bis zur Zerstörung im Dreißigjährigen Krieg durch die „Magdeburger Hochzeit“ 1631 genoss die Stadt weitgehende Autonomie von ihrem erzbischöflichen Landesherrn. Die wichtigste Verkehrsader wiederum war die Elbe. Im Vergleich mit dem langsamen, teuren und oft gefährlichen Transport über Land war die Binnenschifffahrt besonders bei Getreide klar im Vorteil. Dank der direkten Verbindung bis zur Hansestadt Hamburg und der Nordsee konnte sich die Hansestadt Magdeburg geradezu zum „Brothaus der Hanse“ aufschwingen.

Dem Niedergang nach 1631 folgte im 19. Jahrhundert der erneute Aufstieg, diesmal zur modernen Industriegroßstadt. Magdeburg wurde zu einem Zentrum des deutschen Maschinenbaus mit Großunternehmen wie Gruson und Wolf. Deren Tradition wurde in der DDR-Zeit vor allem vom Schwermaschinenbau-Kombinat „Ernst Thälmann“ (SKET) fortgesetzt. Hierbei spielte die Eisenbahn, an die Magdeburg bereits 1840 mit der zweiten deutschen Fernstrecke nach Leipzig angeschlossen wurde, als Katalysator der Industrialisierung eine maßgebliche Rolle. Die Elbe-Schifffahrt verlor deshalb aber keineswegs an Bedeutung. Vielmehr rückte der Magdeburger Hafen an der Elbe im Norden der Stadt zu einem der größten Deutschlands auf. Er entstand schrittweise aus den Anlagen von Handelshafen (1893), Industriehafen (1911) und Kanalhafen (1932). An die Seite des Getreides traten dort mit Zucker und Salz neue dominierende Handelsgüter der Region.

Während sich viele der großen deutschen Ströme wie Rhein, Weser, Elbe und Oder von Süden nach Norden Richtung Nord- und Ostsee bewegen, fehlte es an einer leistungsfähigen Wasserstraße in West-Ost-Richtung. Von 1906 bis zur Einstellung der Arbeiten im Zweiten Weltkrieg 1942 entstand deshalb der Mittellandkanal als längste künstliche Wasserstraße Deutschlands. Er verband den Dortmund-Ems-Kanal und damit das Rheinland mit Weser und Elbe. 1938 war der Mittellandkanal bis zur Elbe bei Magdeburg fertiggestellt, wobei das imposante Schiffshebewerk Rothensee den Höhenunterschied ausglich. Noch fehlte aber der Übergang über die Elbe zum Elbe-Havel-Kanal und damit die direkte Verbindung in den

Der Mittellandkanal überquert bei Magdeburg die Elbe.

wichtigen Wirtschaftsraum Berlin. Nach 1945 verlor der Mittellandkanal durch die deutsche Teilung an Bedeutung, sodass die Bauarbeiten nicht wieder aufgenommen wurden. Der Magdeburger Hafen blieb gleichwohl als größter Binnenhafen des Landes ein Rückgrat der DDR-Wirtschaft.

Nach der deutschen Wiedervereinigung konnte der Mittellandkanal gewissermaßen mit sechs Jahrzehnten Verspätung fertiggestellt werden. Von 1993 bis 2003 entstand das Wasserstraßenkreuz Magdeburg mit der Kanalbrücke für die Elbe-Überquerung zum Elbe-Havel-Kanal und mehreren Schleusen. Der aufwendige Bau gehörte zu den „Verkehrsprojekten Deutsche Einheit", die die zentrale Lage Sachsen-Anhalts in der Bundesrepublik als Standortvorteil untermauerten. Während Magdeburg zum Bedauern der Landeshauptstädter nicht an die neue ICE-Trasse Berlin–Hannover angebunden wurde, erhielt Halle einen Halt der Schnellstrecke Berlin–München. Von ähnlicher Bedeutung sind die neuen Autobahnen A 38 Halle–Göttingen („Südharz-Autobahn") und A 14 Halle–Magdeburg mit geplanter Verlängerung über die Altmark bis zur Ostsee sowie der Ring um das Ballungszentrum Halle/Leipzig.

54 Neue Welten
Rekultivierte Braunkohlelandschaft

Im Zuge der Industrialisierung bildete sich in Mitteldeutschland ein großes Braunkohlerevier aus. Aus dessen Tagebauen entstand nach 1989/90 eine völlig neue Landschaft mit ausgedehnten Seen wie dem Geiseltalsee und dem Großen Goitzschesee.

Die Industrialisierung Sachsen-Anhalts im 19. und 20. Jahrhundert wurde maßgeblich befördert durch den Reichtum an Rohstoffen, allen voran den reichen Braunkohlevorkommen. Deren Abbau im Bergbaurevier um den Ballungsraum Halle-Leipzig veränderte einschneidend die alte Kulturlandschaft. Riesige Tagebaue machten aus ländlichen Idyllen expressionistisch anmutende Mondlandschaften. Die weitgehende Abhängigkeit der DDR von der Braunkohle als Energieträger und Rohstoff ließ auch zahlreiche Dörfer verschwinden und schob die Tagebaue nahe an die Städte heran. Bergbau, Energie und Chemie gaben zwar Tausenden Menschen Lohn und Brot, sorgten aber auch für eine katastrophale Umweltverschmutzung. So wurde das von Smog und Braunkohlestaub überzogene mitteldeutsche Industrierevier geradezu zum Synonym für die Fehlentwicklungen der DDR-Wirtschaft.

Umso bemerkenswerter ist der Wandlungsprozess seit der Friedlichen Revolution und deutschen Wiedervereinigung 1989/90. Während heute die letzten aktiven Tagebaue im Rahmen der Energiewende in Deutschland ihrem Ende entgegensehen, haben sich viele bereits zu Seen in neuen Landschaften gewandelt. Beispielhaft deutlich wird dies im Geiseltal nahe Merseburg. Dort entstand seit dem späten 19. Jahrhundert eines der größten zusammenhängenden Braunkohlereviere Deutschlands, wofür 23 Orte hatten weichen müssen. Mit der Kohle wurden die angrenzenden Chemieunternehmen Leuna und Buna sowie große Brikettfabriken versorgt.

Nach der Stilllegung des letzten Tagebaus Mücheln 1993 begann die Sanierung des riesigen, bis zu 133 Meter tiefen Geländes, dessen Flutung von 2003 bis 2011 erfolgte. Hierbei entstand mit dem Geiseltalsee (1.840 ha) der größte künstliche See Deutschlands. Um ihn und seine Nachbarseen herum hat sich eine vielgestaltige Freizeit- und Tourismuslandschaft etabliert. Wo sich noch vor knapp drei Jahrzehnten riesige Bagger in die Erde fraßen, wird heute gebadet, gesegelt und gecampt, geradelt, gewandert und vor Ort angebauter Wein getrunken. Die Bergbaustädte Mücheln und Braunsbedra wandelten sich zu Hafenstädten mit Marina und Seebrücke. Die Geschichte des Geiseltals von den prähistorischen Waldelefanten bis zur Gegenwart wird heute unter anderem im Industriedenkmal „Zentralwerkstatt Pfännerhall“ in Braunsbedra dokumentiert, während das Geiseltalmuseum Halle geologisch-paläontologische Funde präsentiert.

Blick über den Geiseltalsee auf die Marina Mücheln.

Zum Geiseltalsee hinzu kommen weitere große und kleinere Seen, die aus gefluteten Tagebaurestlöchern hervorgingen. Der nächstgrößere ist der Große Goitzschesee (1.332 ha) mit seinen Nachbarseen bei Bitterfeld, um die herum sich eine ähnliche Freizeit- und Tourismuslandschaft entwickelt hat. Der Wandel der heutigen Doppelstadt Bitterfeld-Wolfen, Teil des Chemiedreiecks Leuna-Buna-Bitterfeld, vom einst weithin verrufenen Hort des Umweltfrevels in der DDR hin zum urbanen Herzstück der reizvollen Bergbaufolgelandschaft Goitzsche gehört ebenfalls zu den großen Erfolgsgeschichten der Rekultivierung.

Freilich lauern in den neuen Landschaften auch unsichtbare Gefahren, wie sich in Nachterstedt am Concordiasee (650 ha) zeigt. Der größte See im Harzvorland zwischen Quedlinburg und Aschersleben geht auf die seit den 1990er-Jahren geflutete Braunkohlegrube Concordia zurück. Schon 1959 war hier bei Setzungen ein Arbeiter ums Leben gekommen; das Abrutschen des Ufers 2009 riss zwei Häuser in die Tiefe und forderte drei Todesopfer. Auch wenn sich ihre Herkunft aus dem Bergbau bisweilen mit allen natürlichen Unwägbarkeiten in Erinnerung bringt, so darf man jene „neuen Welten" doch als großen Gewinn einstufen. Sie verbessern sprunghaft die Lebensqualität der Einwohner und sorgen zusammen mit den reichen kulturellen Angeboten der Region für einen deutlichen Aufschwung des Tourismus.

55 Deftiges und edle Tropfen
Kulinarische Highlights

Sachsen-Anhalt hat viele kulinarische Spezialitäten zu bieten. Das Spektrum reicht von der traditionellen bodenständigen Küche über viele erfolgreiche Marken bis hin zum Saale-Unstrut-Weinanbaugebiet mit seinen edlen Tropfen.

Speis und Trank gehören wie vieles andere auch zum lebendigen historischen Erbe eines Landes. Sachsen-Anhalt weist mit seinem breiten kulturellen Spektrum vom brandenburgisch-märkischen Norden bis zum thüringisch-obersächsischen Süden und ganz unterschiedlichen Naturräumen gleich eine Reihe kulinarischer Highlights auf. Die fruchtbaren Böden vor allem in den nördlichen und mittleren Landesteilen ermöglichen eine ertragreiche Landwirtschaft, die weit über die lange profilprägende Zuckerrübe hinaus für frische Zutaten in der Küche sorgt. Die traditionelle bodenständige Küche setzt stark auf Gemüse in den verschiedensten Zubereitungsarten. Eine ganz spezifische ist der „Brunkohl" bzw. Braunkohl, mit geräuchertem Schweinefleisch geschmorter Grünkohl. Die im 18. Jahrhundert flächendeckend eingeführte Kartoffel wird meist, anders als in den südlich angrenzenden Kloß- bzw. Knödel-Regionen, als solche serviert – von der Salzkartoffel über die Pellkartoffel und Bratkartoffel bis zum Kartoffelsalat. Weit verbreitet ist besonders in den ländlichen Regionen das Bauernfrühstück, ein Omelette mit Bratkartoffeln. An Fleischigem kredenzt man dem Gast gerne eine breite Palette traditioneller Gerichte von Klops und „toter Oma" (warme Blutwurst) über Kohlrouladen und Eisbein bis hin zu Sauerfleisch und Hackepeter.

Zu den zahlreichen lokalen Spezialitäten zählen unter anderem die Altmärkische Hochzeitssuppe (klare Bouillon vom Huhn mit Gehackteskößchen, Eierstich und Spargel), „Bötel mit Lehm und Stroh" aus Magdeburg (Eisbein mit Erbspüree und Sauerkraut), „Köthener Schusterpfanne" (Schweinebraten mit Kartoffeln und Birnen überbacken) und Weißenfelser „Salzknochen" mit Meerrettich (gepökeltes Schweinefleisch am Knochen mit Meerrettichsauce und Salzkartoffeln). Eine weithin bekannte Spezialität stellt der Harzer Käse dar. Als „Harzer Roller", nicht zu verwechseln mit dem gleichnamigen Kanarienvogel, hat der Sauermilchkäse aus Kuhmilch in der typischen rollenförmigen Verpackung seinen Siegeszug durch die deutschen Haushalte angetreten. Eine weniger bekannte Besonderheit stellt der Würchwitzer Milbenkäse oder „Mellnkase" dar. Der für die Herstellung dieser Sorte unerlässlichen Käsemilbe Tyrophagus casei hat man in Würchwitz, einem Ortsteil von Zeitz, sogar ein Denkmal gesetzt. Im Bereich von Bäckerei und Konditorei finden sich über die Region hinaus bekannte Klassiker wie Bienenstich, Streuselkuchen und Zuckerkuchen,

Weinanbau an der Unstrut.

aber auch regionale Spezialitäten wie die niederdeutschen „Prilleken"-Krapfen. Salzwedel gehört zu den traditionellen Ursprungsorten des Baumkuchens, der als „König der Kuchen" gilt.

Zugleich ist Sachsen-Anhalt ein Land der bekannten Markenprodukte, die sich längst wieder großer Beliebtheit weit über die „neuen" Bundesländer hinaus erfreuen und damit einen wichtigen Wirtschaftsfaktor darstellen. Traditionsmarken wie Hallorenkugeln aus Halle, Halberstädter Würstchen, Burger Knäckebrot und Zörbiger Zuckerrübensirup sind in aller Munde, ebenso anregende Getränke wie Hasseröder Bier aus Wernigerode und der Kräuterschnaps Schierker Feuerstein aus dem Harz. Bis heute sehr beliebte Klassiker der DDR-Zeit stammen aus Sachsen-Anhalt, wie „Bambina"-Schokolade aus Zeitz, „Leckermäulchen"-Milchquark aus Weißenfels und „Othello"-Kekse aus Wittenberg.

Die Saale-Unstrut-Region schließlich bringt als nördlichstes Qualitätsweinanbaugebiet Deutschlands auf ihren rund 760 Hektar viele gute Tropfen hervor. Aus der malerischen Landschaft um die Flusstäler von Saale und Unstrut, die man gerne auch als „Toskana des Nordens" bezeichnet, stammt einer der erfolgreichsten Exportschlager Sachsen-Anhalts. Die Rotkäppchen Sektkellerei in Freyburg an der Unstrut mit ihren sehenswerten historischen Baulichkeiten stellt seit 1894 die Traditionsmarke „Rotkäppchen" her. Über alle politisch-wirtschaftlichen Zäsuren hinweg konnte man sich damit behaupten und gilt heute als Marktführer in Deutschland.

Der Autor
Steffen Raßloff

Portrait des Autors.

Dr. Steffen Raßloff (Jg. 1968) wirkt als Historiker und Publizist in Erfurt. Er hat zahlreiche Publikationen zur mitteldeutschen Landesgeschichte veröffentlicht, darunter Standardwerke wie „Mitteldeutsche Geschichte. Sachsen – Sachsen-Anhalt – Thüringen“ (2016), „Geschichte Thüringens“ (2020), „Kleine Geschichte Sachsens“ (2018) und „Kleine Geschichte der Stadt Dresden“ (2019). 2018 gehörte Raßloff zu den Autoren des Bestsellers „Deutsche Geschichte. Die große Bild-Enzyklopädie“. Er arbeitet auch als Kurator und Medienexperte, unter anderem für den MDR und das ZDF.

Kulturhistorisches Museum Magdeburg: S. 4 (Mitte), 15;
Landesamt für Denkmalpflege und Archäologie Sachsen-Anhalt, Andrea Hörentrup: S. 9;
Landesamt für Denkmalpflege und Archäologie Sachsen-Anhalt, Juraj Lipták: S. 7, 11;
Landesschule Pforta, Photo-Tempel, Naumburg: S. 58;
Pixabay/Flotography: S. 4 (rechts), 49;
Dr. Steffen Raßloff: S. 55, 65;
Ulrich Schrader: S. 5 (Mitte), 78, 79;
Shutterstock/anyaivanova: S. 20;
Shutterstock/Bildagentur Zoonar GmbH: S. 19, 27;
Shutterstock/Bill Perry: S. 53, Einband hinten (links);
Shutterstock/Daniel Fleck: S. 23;
Shutterstock/ecwo: S. 115;
Shutterstock/IURII BURIAK: S. 5 (rechts), 113;
Shutterstock/LianeM: S. 45, 117;
Shutterstock/Marcus_Hofmann: Einband vorne, Vorsatz;
Shutterstock/MatGo: Nachsatz;
Shutterstock/Mistervlad: S. 121;
Shutterstock/ohenze: S. 30/31;
Shutterstock/Oliver Hoffmann: S. 29;
Shutterstock/photolike: S. 33;
Shutterstock/Stefan Dinse: S. 109;
Technikmuseum „Hugo Junkers“ Dessau: S. 95;
Vereinigte Domstifter zu Merseburg und Naumburg und des Kollegiatstifts Zeitz, Bildarchiv Merseburg, Foto: Matthias Rutkowski: S. 21;
Von Andreas Thum - Eigenes Werk, CC BY-SA 3.0, https://commons.wikimedia.org/w/index.php?curid=2103406: S. 50
Von AndreasThum - Eigenes Werk, CC BY-SA 3.0, https://commons.wikimedia.org/w/index.php?curid=16924198: S. 63;
Von Andreas Vogel - Eigenes Werk, CC BY-SA 3.0, https://commons.wikimedia.org/w/index.php?curid=9876637: 57;
Von Avda - Eigenes Werk, CC BY-SA 4.0, https://commons.wikimedia.org/w/index.php?curid=48769493: S. 4 (links), 12/13, Einband hinten (rechts oben);
Von Benutzer:Brunswyk. - Eigenes Werk, CC BY-SA 3.0 de, https://commons.wikimedia.org/w/index.php?curid=8955999: S. 37;
By Bert Verhoeff / Anefo - http://proxy.handle.net/10648/ac4a7ed2-d0b4-102d-bcf8-003048976d84, CC0, https://commons.wikimedia.org/w/index.php?curid=67852516: S. 107;
Von Bild: © Ajepbah / Wikimedia Commons, CC BY-SA 3.0 de, https://commons.wikimedia.org/w/index.php?curid=28717472: S. 43;
By Bild: © Ajepbah / Wikimedia Commons, CC BY-SA 3.0 de, https://commons.wikimedia.org/w/index.php?curid=66121087: S. 81;
Von Chpagenkopf - Eigenes Werk, CC BY-SA 3.0, https://commons.wikimedia.org/w/index.php?curid=21691458: S. 39;
Von David Meisel (Parexus at de.wikipedia) - own photography, first upload on de.wikipedia.org (de:Bild:WettinCastleSaale.jpg), CC BY-SA 2.0 de, https://commons.wikimedia.org/w/index.php?curid=3263604: S. 24;
Von Franzfoto - Eigenes Werk, CC BY-SA 3.0, https://commons.wikimedia.org/w/index.php?curid=9931909: S. 17;
Von Gerald Knizia - Selbst fotografiert, Gemeinfrei, https://commons.wikimedia.org/w/index.php?curid=28962312: S. 103;
Von I, Nikater, CC BY-SA 3.0, https://commons.wikimedia.org/w/index.php?curid=2635371: S. 75;

Bildnachweis

Von Joeb07 - Eigenes Werk, CC BY 3.0, https://commons.wikimedia.org/w/index.php?curid=7323482: S. 104/105;

Von Lelikron - Eigenes Werk, CC BY-SA 3.0, https://commons.wikimedia.org/w/index.php?curid=28368990: S. 97, Einband hinten (rechts unten);

Von M_H.DE - Eigenes Werk, CC BY 3.0, https://commons.wikimedia.org/w/index.php?curid=30373328: S. 5 (links), 35;

Von M_H.DE - Eigenes Werk, CC BY-SA 3.0, https://commons.wikimedia.org/w/index.php?curid=7773163: S. 73;

Von M_H.DE - Eigenes Werk, CC BY-SA 3.0, https://commons.wikimedia.org/w/index.php?curid=40109096: S. 98;

Von Olaf Meister - Eigenes Werk, CC BY-SA 4.0, https://commons.wikimedia.org/w/index.php?curid=77445658: S. 77;

By Omits - Own work, CC BY-SA 3.0, https://commons.wikimedia.org/w/index.php?curid=10126128: S. 47;

By PaulT (Gunther Tschuch) - Own work, CC BY-SA 4.0, https://commons.wikimedia.org/w/index.php?curid=72131458: S. 66/67;

Von PaulT (Gunther Tschuch) - Eigenes Werk, CC BY-SA 4.0, https://commons.wikimedia.org/w/index.php?curid=64135850: S. 101;

Von Photo: Andreas Praefcke - Selbst fotografiert, CC BY 3.0, https://commons.wikimedia.org/w/index.php?curid=19875557: S. 71;

Von Tilman2007 - Eigenes Werk, CC BY-SA 4.0, https://commons.wikimedia.org/w/index.php?curid=62160754: S. 51;

Von Timo Pilgram; Original uploader was OmiTs at de.wikipedia - de:Datei:Franckesche Stiftungen Waisenhaus.jpg, CC BY-SA 3.0 de, https://commons.wikimedia.org/w/index.php?curid=6266142: S. 69;

Von User:Iqmanuelnavarro - Eigenes Werk, CC BY-SA 2.5, https://commons.wikimedia.org/w/index.php?curid=766807: S. 91;

Von Vascosommernunes - Eigenes Werk, CC BY-SA 4.0, https://commons.wikimedia.org/w/index.php?curid=50425709: S. 87;

Von Z thomas - Eigenes Werk, CC BY-SA 3.0, https://commons.wikimedia.org/w/index.php?curid=15343209: S. 41;

Der Quedlinburger Marktplatz mit dem unter Denkmalschutz stehenden Rathaus.

Impressum

Sutton Verlag GmbH
Arnstädter Straße 8
99096 Erfurt
www.suttonverlag.de

ISBN: 978-3-96303-162-5
Druck: Florjančič Tisk d.o.o. / Slowenien
Gestaltung und Herstellung: Sutton Verlag

In diesem Buch wird aus Gründen der besseren Lesbarkeit das generische Maskulinum verwendet. Weibliche und anderweitige Geschlechteridentitäten werden dabei ausdrücklich mitgemeint, soweit es für die Aussage erforderlich ist.

Buchhinweise

radio SAW
100 Dinge, die Sie in Sachsen-Anhalt erlebt haben müssen

12,99 € | ISBN: 978-3-95400-878-0

radio SAW

100 Rad- und Wanderwege, die Sie in Sachsen-Anhalt entdecken müssen

13,99 € | ISBN: 978-3-96303-061-1